Dr. med. Viola Andresen | Dr. med. Jörn Klasen
Dr. med. Matthias Riedl | Dr. med. Silja Schäfer

Die Ernährungs Docs

Gesund abnehmen mit der Darm-fit-Formel

Mit Texten von Franziska Pfeiffer und Kathrin Burger
sowie Rezepten von Martina Kittler

Inhalt

Die Symbole bei den Rezepten

- Vegetarisch
- Vegan
- Ballaststoffreich
- Proteinreich *mindestens 20 g Eiweiß pro Portion*
- Antientzündlich
- Laktosefrei
- Glutenfrei
- Low Carb *weniger als 30 Energie-% aus Kohlenhydraten*

Schlank mit Darmbakterien

Übergewicht wird zunehmend zum Problem. Mittlerweile sind mehr als die Hälfte der Deutschen zu dick. Die meisten würden gerne etwas dagegen tun, scheitern aber im Alltag immer wieder. Neueste Forschungen zeigen: Wer auf Darmpflege statt auf Crash-Diäten setzt, kann beim Abnehmen nachhaltige Erfolge erzielen.

Überschüssige Pfunde wollen einfach nicht verschwinden? Blähungen, Durchfall oder Verstopfung sind keine Unbekannten? Und das sprichwörtliche Bauchgefühl signalisiert nichts Gutes? Das können klare Hinweise sein: Im Darm stimmt etwas nicht. Dahinter steckt vermutlich ein Ungleichgewicht bei der Zusammensetzung der Bakterien. Es fehlt an Vielfalt im sogenannten Mikrobiom, also in der Gesamtheit aller winzigen Organismen, die das empfindsame Organ besiedeln. Wie stark diese Bakterien unser Gewicht und unser Wohlbefinden beeinflussen, ist bisher noch wenig bekannt, wird aber immer besser erforscht – mit erstaunlichen Erkenntnissen: Der Darm macht schlank, wenn er gut gepflegt wird.

Wie das geht, verraten wir Ihnen in diesem Buch. Es ist zum Glück nicht kompliziert, denn zusammenfassend gesagt, kommt es – wie so oft, wenn es um die Gesundheit geht – auf die richtige Ernährung in Kombination mit Bewegung und Stressreduktion an. Als „Diva unter den Organen" steckt der Darm zwar vieles weg, er ist aber gleichzeitig ein sensibles System, das seine Vorlieben und Abneigungen hat. Genau die sollten Sie kennen.

Erfahren Sie im ersten Teil dieses Buchs Wissenswertes auf dem neuesten Stand der Forschung über den Verdauungstrakt und seine Auswirkungen auf Figur und Gewicht. Danach geht's an die Ernährung: Welches „Futter" mögen die Schlankmacher unter den Bakterien? Was bevorzugen die schlechten Bakterien, um sich zu vermehren und die besten Vorsätze zu sabotieren? Lernen Sie die Top-Lebensmittel für einen gesunden Darm kennen. Achten Sie bei der Auswahl auf wertvolle Helfer in Form von Pflanzenstoffen mit Mehrwert. Entdecken Sie Ballaststoffe als ganz natürliche Heilmittel ohne Nebenwirkungen. Essen Sie bewusst gegen das „Artensterben" im Darm – und nebenbei gegen überschüssige Pfunde. Nutzen Sie auch kleine Psychotricks, um etwa mit weniger Zucker und längeren Esspausen gut durch den Alltag zu kommen.

Unsere Rezepte unterstützen Ihre Ernährungsumstellung. Kalorienreduziert, Low Carb, reich an Ballaststoffen und mit ausreichend Eiweiß zum Sattwerden eignen sie sich zur Sanierung des Verdauungstrakts ebenso wie als Diät zur Gewichtsreduktion mit nachhaltiger Wirkung. Wir wünschen Ihnen viel Erfolg und guten Appetit!

Faszination Darm und Mikrobiom

Der Darm ist nicht nur für die Verdauung zuständig, er gilt wegen seiner Verbindungen zur Gefühlswelt des Menschen auch als „zweites Gehirn". Mit der zunehmenden Erforschung des Mikrobioms wird zudem deutlich, wie wichtig die Darmflora für unsere Gesundheit ist.

Der Darm ist nicht unbedingt ein beliebtes Organ. Das, was er tut, wird oft schamhaft verschwiegen, spielt aber eine entscheidende Rolle für unsere Gesundheit und unser Wohlbefinden. Nachdem seine Bedeutung lange Zeit unterschätzt wurde, hat der Darm in letzter Zeit ein besseres Image bekommen. Er bildet mit seinem riesigen eigenen Nervensystem das „zweite Gehirn" und ist unser größtes Organ. Entsprechend können sich seine Leistungen sehen lassen: Rund um die Uhr wird auf einer Länge von etwa sechs Metern pausenlos gearbeitet. Und das ist noch nicht einmal die ganze Fläche, denn die Darmschleimhaut ist nicht glatt: Sie liegt wie eine Ziehharmonika in Falten und enthält viele kleine Ausstülpungen (Zotten), sodass sich die gesamte Oberfläche über 200 Quadratmeter erstreckt. Die Zotten nehmen mit pumpähnlichen Bewegungen Nährstoffe auf und leiten sie ins Blut. Zudem organisiert der Darm auch noch unsere körpereigene Abwehr mit, denn ein Großteil unseres Immunsystems sitzt im Verdauungstrakt. Möglicherweise könnte hier der Schlüssel für viele chronische Erkrankungen liegen.

Viel Arbeit im Verborgenen

Bei der Verdauungsarbeit kommt der Darm ins Spiel, wenn der Magen seinen Job gemacht hat. Der dort zerlegte Speisebrei gelangt dann in den Dünndarm, genauer gesagt, zunächst in den Zwölffingerdarm. Der ist ungefähr 30 Zentimeter lang – was ungefähr zwölf Fingerbreit entspricht und seinen Namen erklärt. Hier wird die verdaute Nahrung bei Bedarf mit Gallensaft verbunden, den die Leber herstellt und in der Gallenblase bis zur Abgabe speichert. Der Gallensaft verwandelt Fette in kleine Tropfen, die dann mithilfe von Enzymen verdaut werden. Sie lassen sich nach dieser Verwandlung besser über die Lymphe ins Blut verteilen. Drüsen sondern den sogenannten Darmsaft ab. Außerdem werden im Dünndarm die Vitamine aus der Nahrung aufgenommen: Von dort gelangen sie über die Darmwand in den Blutkreislauf und werden zu den Körperzellen transportiert. Bauchspeichel aus der Bauchspeicheldrüse unterstützt die Verarbeitung von Stärke, Proteinen und Fetten. Verwertbare Nährstoffe gelangen über die Darmschleimhaut in den Körper. Reste, die nicht brauchbar sind, wandern weiter in den Dickdarm, dessen Bakterien einen Teil der Ballaststoffe und andere Stoffe abbauen. Der Dickdarm entzieht dem Nahrungsbrei Wasser und setzt Schleim zu, bevor Stuhl entsteht, der am Ende durch den After ausgeschieden wird.

Die wundersame Welt der Darmmikroben

Könnten wir einen Blick in den Darm werfen, sähen wir ein echtes Wunder der Natur: ein Gewusel aus bis zu 100 Billionen Bakterien, aber auch zahlreiche Viren und Hefepilze, die unermüdlich arbeiten.

So ist die Darmwand aufgebaut

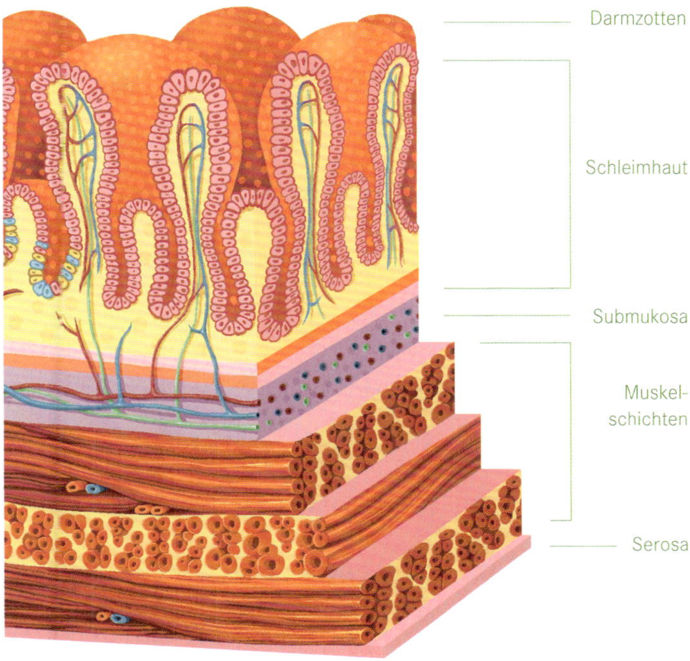

Der längliche Darm wird außen von Bindegewebe umhüllt. Darunter liegen Muskelschichten mit einem Nervensystem und unterschiedlich gelagerten Fibrillen. In der anschließenden Submukosa finden sich Blutgefäße, Nerven- und Lymphbahnen. Nach innen wird die Darmwand von einer Schleimschicht ausgekleidet. Deren äußerste Schicht besteht aus verschiedenen Zelltypen. Die Mikroben leben entweder direkt in der Schleimschicht oder sogar im Darminneren.

Winzlinge, die im Dunkeln hausen und mit bloßem Auge nicht zu erkennen sind. Dennoch ist allein die Vorstellung davon faszinierend: Da schuftet eine Armada von Kleinstlebewesen, die wir Menschen nutzen können, um gesünder und schlanker zu werden. Tatsächlich können gute Darmbakterien dabei helfen, Übergewicht abzubauen, indem sie den Stoffwechsel ankurbeln und den Blutzuckerspiegel senken. Und das mit höchst erwünschten Nebenwirkungen, denn das individuelle Bakteriensystem hat zum Beispiel auch auf Allergien, Herz-Kreislauf- und Darmerkrankungen, Asthma, Neurodermitis, Krebs und sogar Depressionen einen vorbeugenden und heilenden Einfluss. Dabei reagiert der Darm nicht nur auf das, was wir essen und trinken, sondern auch auf das, was wir tun. Zu viel Stress, Schlaf- und Bewegungsmangel setzen ihm zu. Aber auch Infektionen, Darmerkrankungen, Medikamente (vor allem Antibiotika, zudem Abführmittel, Cortison oder Säureblocker) und Nahrungsmittelunverträglichkeiten stören bei vielen Menschen das Gleichgewicht in der Darmflora.

Entwicklung beginnt im Mutterleib

Die Besiedlung des Darms beginnt bereits im Mutterleib und setzt sich während und nach der Geburt fort. Sobald ein Baby das Licht der Welt erblickt, beeinflusst die Umwelt das Biotop im Bauch. Ein Kind, das auf natürlichem Weg geboren wird, ententwickelt schneller einen gesunden und vielfältigen Bakterienmix als eines, das per Kaiserschnitt geholt wird. Denn während sich das Kind durch den Geburtskanal in die Welt kämpft, kommt es mit mütterlichen Mikroben in Kontakt. Das senkt das Risiko für Allergien, Zöliakie, Diabetes oder Fettleibigkeit. Die Art der Geburt lässt sich leider nicht unbedingt beeinflussen. Es gibt aber noch andere Faktoren wie etwa das Stillen, die das kindliche Mikrobiom prägen. Über die Muttermilch nehmen die Säuglinge nämlich ebenfalls Bakterien auf. Bifidobakterien aus der Muttermilch bilden beispielsweise Sialinsäure, die wichtig für die Gehirnentwicklung bei Babys ist. Gestillte Babys haben im Vergleich zu denen, die mit Säuglingsmilch gefüttert werden, eine größere Bakterienvielfalt im Darm und ein niedrigeres Risiko für bestimmte Volkskrankheiten wie Fettleibigkeit.

Die Kleinkindphase ist das entscheidene Zeitfenster

Schon früh hat die Umwelt einen großen Einfluss auf die Vielfalt der Mikroben. In den ersten zwei bis drei Lebensjahren, den ersten 1000 Tagen, werden die Grundlagen gelegt. Hier gilt unter anderem: Wenn ein Kind mit Keimen und Co. in Kontakt kommen darf, wird die Bakterienvielfalt im Darm größer. Kinder, die mit Geschwistern oder Haustieren aufwachsen und deren Eltern nicht regelmäßig mit antibakteriellen Reinigern hantieren, sind in dieser Hinsicht besser dran. Zudem ist es wichtig, Säuglingen in der Beikostphase eine große Ernährungsvielfalt anstatt täglich nur Möhren- oder Kürbisbrei anzubieten; dasselbe gilt beim Übergang zu den Familienmahlzeiten. Ist die Darmflora erst einmal angelegt, bleibt sie relativ stabil, braucht aber gute Pflege, damit die Vielfalt nicht zurückgeht. Nur sehr starke Einschnitte können dann substanziell etwas an der Besiedlung ändern. Hohe, häufige und besonders sehr frühe Antibiotikagaben oder auch großer Hunger, unter dem etwa Kinder in Entwicklungsländern leiden, können ein gesundes Mikrobiom wieder zerstören und verarmen lassen. Umgekehrt kann man es aber mit der entsprechenden Ernährung auch wieder aufpäppeln (siehe Seite 16 ff.).

Effektive Verdauungshelfer

Darmbakterien unterstützen den Verdauungsprozess, indem sie Nährstoffe aufspalten und verwerten, denen Verdauungsenzyme in Mund, Magen und Dünndarm nichts anhaben können – wie etwa die schwer verdauliche Zellulose. Bakterien verfügen über ein großes Arsenal an Enzymen, um solch komplexe Moleküle zu zerlegen. Auch ein kleiner Anteil an Proteinen gelangt in den Dickdarm und wird hier von Mikroben verstoffwechselt. Die Helferlein bauen aber auch körpereigene Stoffe wie Gallensäuren oder Medikamente ab. Gleichzeitig produzieren sie Botenstoffe, Enzyme, kurzkettige Fettsäuren, Aminosäuren sowie Vitamine. Rund ein Drittel der Stoffwechselprodukte im Blut stammen von ihnen.

Schutz vor Krankheit

Die Darmbakterien können aber noch mehr. Sie bilden bestimmte Hormone, beeinflussen unser Sättigungsgefühl und dämmen Entzündungen ein. Die kurzkettige Buttersäure etwa, die Bakterien aus Ballaststoffen bildet, wirkt als Entzündungshemmer. Kurzkettige Fettsäuren sind zudem wichtig für die Energieversorgung und Durchblutung der Darmzellen, die schützenden Schleim bilden. Eine stabile Darmbarriere lässt Nährstoffe die Darmwand leichter passieren und bildet zugleich einen Schutzschild gegen krank machende, also pathogene Keime. Ist diese Schicht geschädigt und durchlässig, wird man krank. Dies wird auch als „Leaky-Gut-Syndrom" bezeichnet. Pathogene Keime halten sich ständig im Darm auf. Wenn die guten Bakterien die Oberhand haben, merken wir jedoch nichts davon. Denn sie schützen uns auch vor Keimen oder schädlichen Stoffen, die über die Nahrung in den Körper gelangen, etwa indem sie Milch- oder Essigsäure bilden. Einige Bakterien machen zum Beispiel Nitrosamine und polyzyklische aromatische Wasserstoffe unschädlich. Das sind Röststoffe, die unter anderem in Grillfleisch stecken und als krebserregend gelten.

Sparringspartner fürs Immunsystem

Nützliche Darmmikroben unterstützen auch unser Immunsystem. Sie helfen den Abwehrzellen, Freund von Feind zu unterscheiden. Ist ein Feind geortet, melden Darmbakterien dies an Immunzellen in der Darmschleimhaut, die wiederum das Abwehrsystem aktivieren. Über 80 Prozent der menschlichen Immunzellen sitzen im Darm – er ist damit das größte Immunorgan des Körpers. Mittlerweile weiß man, dass zu viel Hygiene das Immunsystem schwächer werden lässt: Weil wir mit weniger „Dreck" und damit mit weniger Umweltbakterien in Kontakt kommen, wird das Immunsystem träge und unaufmerksam. Auch der Blinddarm, der lange als nutzloses Gewebe galt, ist ein Teil des Immunsystems: Er enthält Lymphzellen, die gegen Krankheitserreger vorgehen. Zudem fungiert der Blinddarm als Rückzugsort für nützliche Bakterien. Wenn Darmbakterien bei einer Infektion zerstört werden, überleben die guten Keime in diesem Refugium. Von dort aus können sie sich ausbreiten und das Darmmilieu wieder verbessern.

Verbindung zum Gehirn

Das Gehirn kann den Darm und seine Aktivität nicht direkt steuern – er arbeitet autark, da er über ein eigenes Nervensystem, das „enterische Nervensystem" (ENS), verfügt. Trotzdem gibt es Kommunikationskanäle, über die Gehirn und Darm im Austausch stehen. „Mikrobiota-Darm-Hirn-Achse" wird dieser Kommunikationskanal genannt. Dabei gehen etwa 80 bis 90 Prozent der Nachrichten vom Darm an das Oberstübchen. Sie werden einerseits über den Vagusnerv vermittelt, aber auch über das Immunsystem sowie durch die Bildung verschiedener Botenstoffe und kurzkettiger Fettsäuren. So entstehen während der Verdauung durch bestimmte Darmbakterien Neurotransmitter wie Amine und Indole, die mit den im Darm sitzenden Immunzellen interagieren. Diese senden wiederum über den Vagusnerv Signale ans Gehirn und beeinflussen so, wie wir mit Stress umgehen oder ob wir schmerzempfindlich sind. Bei einer gestörten Darmbarriere können Bakterien vom Darm ins Blut gelangen. Das führt zur Ausschüttung von Zytokinen, Entzündungsfaktoren, die unter anderem im Gehirn ihr Unwesen treiben und so das Stress- und Angstempfinden erhöhen. Das Superorgan ist maßgeblich an der Emotionssteuerung beteiligt. Umgekehrt können Gefühle wie Glück oder Angst den Darm beeinflussen. Bei Stress kann es über eine verringerte Durchblutung des Magen-Darm-Trakts zu Gastritis, Reizmagen, Verstopfung und Durchfall kommen. Das Gehirn kann zudem über den Vagusnerv die Zusammensetzung der Mikrobengemeinschaft oder auch das An- und Abschalten von Bakteriengenen beeinflussen.

Erstaunliches über den Darm und seine Untermieter

+ Im Laufe eines Lebens wandern durchschnittlich 30 Tonnen Nahrung und 50 000 Liter Flüssigkeit durch den Darm.
+ Das Organ besitzt etwa 100 Millionen Muskelzellen, die Tag und Nacht arbeiten und dabei kaum ermüden.
+ Vom Essen bis zum Ausscheiden dauert es durchschnittlich zwischen 24 und 72 Stunden. Bei Menschen, die schnell verdauen, geht's innerhalb von 10 Stunden. Ist der Darm träge, kann er sogar 100 Stunden oder mehr benötigen.
+ In jedem Gramm Stuhl stecken mehr Bakterien, als es Menschen auf der Erde gibt.
+ Es leben mehr Bakterien, Viren und Hefen im menschlichen Darm, als unsere Milchstraße Sterne hat.

So nutzen Sie Ihr Biotop im Bauch als Abnehmhelfer

Schluss mit sinnlosen Diäten und lästigem Jo-Jo-Effekt. Darmbakterien sind tolle Helfer, wenn es darum geht, dauerhaft Gewicht zu verlieren. Das Geheimnis des Abnehmerfolgs steckt im Mikrobiom mit seiner vielfältigen Flora, in der sich Billionen winziger Bakterien tummeln.

Wer behauptet, nicht viel zu essen, aber trotzdem übergewichtig ist, wird oft belächelt („Das ist doch nur eine Ausrede"). Es kann allerdings durchaus sein, dass Wenigesser mit einem hohen Anteil an schädlichen Bakterien im Bauch trotz Diät kaum Gewicht verlieren, während Vielesser mit einem optimalen Bakterienmix vergleichsweise leicht abnehmen. Denn die Bakterien im Darm beeinflussen Sättigung und Kalorienausbeute sowie das Entzündungsgeschehen im ganzen Körper. Darum sollten Sie gut für die hilfreichen Bakterien sorgen, indem Sie bevorzugt auf Ballaststoffe und fermentierte Lebensmittel setzen und bei Zucker und hochverarbeiteten Produkten eher zurückhaltend sind.

Nützliche kleine Appetitzügler

Welch wichtige Rolle das Mikrobiom als Superorganismus beim Abnehmen spielt, hat man in Studien aufgedeckt. Bei Übergewichtigen ist das Verhältnis der beiden großen Bakteriengesellschaften Bacteroidetes und Firmicutes, die (zusammen mit einem geringeren Anteil von Actinobacteria und Proteobacteria) fast 99 Prozent unserer Darmflora ausmachen, verschoben: Bei Übergewichtigen kommen mehr Firmicutes vor als bei schlanken Zeitgenossen. Dieser Stamm war darum schnell als Dickmacher verschrien. Neuere Studien zeigen jedoch, dass es nicht ganz so einfach ist. Denn auch unter den Firmicutes finden sich durchaus hilfreiche Vertreter. Trotzdem gibt es Unterarten, die die Gesundheit mehr fördern als andere. Je nachdem, wie der Darm besiedelt ist, setzt zum Beispiel das Sättigungsgefühl früher oder später ein. Von Bakterien gebildete kurzkettige Fettsäuren unterstützen nämlich die Bildung von Sättigungshormonen. Nützliche Bakterien zügeln also den Appetit und bringen damit Fettpolster zum Schmelzen.

Gute Futterverwerter gibt es wirklich

Darmbakterien beeinflussen außerdem, wie viele der verspeisten Kalorien aus einem Stück Sahnetorte oder einer Currywurst im Blut und auf den Hüften ankommen und wie viele einfach ausgeschieden werden, also quasi „verpuffen". So nehmen stark Übergewichtige aufgrund der Zusammensetzung ihres Mikrobioms fünf bis zehn Prozent mehr Energie aus der Nahrung auf. Das Bakterium Clostridium ramosum begünstigt zum Beispiel die Fettaufnahme aus dem Darm, was die Fettpolster schneller wachsen lässt. Andere Clostridienarten, die sich eher bei Schlanken finden lassen, blocken dagegen die Fettaufnahme. Von Bedeutung könnte auch sein, wo die Bakterien siedeln: Je mehr Kalorien ein Mensch über energiedichte Lebensmittel aufnimmt, desto weiter oben im Dünndarm lassen sich viele Bakterien nieder, was wiederum die Energieausbeute erhöht. Zudem beeinflusst unser Mikrobiom, wie viel Fett als Bauchspeck oder Hüftgold eingelagert wird oder wie viel weißes und braunes Fettgewebe wir besitzen. Das ist insofern wichtig, weil braunes Fettgewebe wesentlich mehr Energie verbraucht und so der Grundumsatz steigt. Das ist die Energiemenge, die wir ohne sportliche Bewegung verbrennen. Wie machen Bakterien das? Im Fettstoffwechsel spielt die Gallensäure eine wichtige Rolle. Sie wird im Zuge der Verdauung in den Darm transportiert und dort von den Bakterien zu unzähligen Varianten abgebaut, die wiederum gesundheitliche Prozesse anstoßen. Auch der berüchtigte Jo-Jo-Effekt könnte auf das Konto unserer Darmbewohner gehen. Denn nach einer Schlankheitskur behalten die Bakterien ihr Gedächtnis und reagieren auf Kalorien wie vor dem Abnehmen. Darum ist es auch so wichtig, nach einer Diät eine darmgesunde Ernährung beizubehalten. Zudem sollte man Geduld aufbringen, damit die Bakterien Zeit haben, sich umzustellen.

DIE ERNÄHRUNGS-DOCS

Wie steht es um mein Mikrobiom? Ist es für Gewichts- oder Gesundheitsprobleme verantwortlich? Stimmt die Balance als Grundlage für eine schlanke Figur? Solche Fragen lassen sich mithilfe einer individuellen Mikrobiomanalyse auf Basis einer Stuhlprobe leider nicht beantworten. Sie bildet nämlich immer nur die Bakterienmischung ab, die sich im Enddarm aufhält und stellt auch nur eine Momentaufnahme dar. Normalerweise ändert sich die Bakterienzusammensetzung im Tagesverlauf. Die Tests sind darum diagnostisch nicht relevant. Die Kosten dafür können Sie sich also sparen, es sei denn, Ihr Ernährungsmediziner rät in besonderen Fällen dazu.

Entzündungen fördern Übergewicht

Ob wir zu viele Kilos auf die Waage bringen, dazu tragen auch Entzündungsreaktionen wesentlich als Verursacher bei. Denn bei Übergewichtigen sind nicht nur die Fettdepots größer als bei schlanken Menschen. Das dickere Fettgewebe – besonders im Bauch – produziert Entzündungsbotenstoffe und enthält selbst Entzündungsherde. Im Darm gibt es wiederum Bakterien, die Entzündungen mithilfe des Eiweißbausteins Tryptophan verhindern, während andere sie über sogenannte Endotoxine anfachen. Entzündungen führen dazu, dass das Sattmacherhormon Leptin aus dem Fettgewebe blockiert wird. Letztlich könnte es auch sein, dass ein ungünstiges Mikrobiom und eine durchlässige Darmwand unser Nervenkostüm schmälern und wir dann zu Stressessern werden. Auch hier spielt die Aminosäure Tryptophan, wenn sie von Mikroben zu Indol umgebaut wird, eine schützende Rolle für die Darmwand. Zu den gutartigen Bakterien zählen Bifidobakterien, Milchsäurebakterien, Prevotella oder Akkermansia muciniphila. Ungünstig sind dagegen Bakterien der Gruppe Desulfovibrionaceae oder Ruminococcus gnavus. Sicher leben noch viele andere Abnehmhelfer in der Darmflora. Doch man kennt bislang gar nicht alle Darmbewohner. Darum ist aktuell unklar, wie man diese gezielt „züchten“ kann.

Jedes Mikrobiom ist anders

Obwohl vieles noch nicht erforscht ist, steht fest: Ein gesundes Gleichgewicht im Darm unterstützt die Gewichtsreduktion, da sich die Wahrscheinlichkeit erhöht, dass gesundheitsfördernde Keime das Sagen haben. Bei Übergewichtigen findet man eine stark verringerte Anzahl an unterschiedlichen Darmbewohnern: Je geringer diese Vielfalt ist, desto schlechter können die Betroffenen abnehmen. Somit ist die Darmflora zumindest teilweise dafür verantwortlich, wie jeder Einzelne seine Nahrung verwertet und die schlanke Linie hält oder nicht. Das könnte erklären, warum manche Menschen bei gleicher Nahrungszufuhr schneller zunehmen als andere. Denn die Bakteriengemeinschaften unterscheiden sich von Mensch zu Mensch sehr stark, selbst eineiige Zwillinge besitzen nicht den gleichen Bakterienmix. Zwar beeinflusst die genetische Ausstattung einer Person die Darmflora, aber daneben spielen auch die Lebensverhältnisse eine wichtige Rolle.

Auf die Vielfalt kommt es an

Bislang sind ungefähr 1500 verschiedene, an das Darmmilieu angepasste Bakterienarten bekannt. Dabei beherbergt der durchschnittliche Europäer 200 bis 300 Arten; bei Naturvölkern sind es doppelt so viele. Die Kleinstlebewesen sitzen vor allem in der Schleimschicht, die den Darm überzieht. Manche Darmregionen sind stärker, andere weniger stark besiedelt. Klar ist: Das EINE normale und gesunde Darmmilieu gibt es nicht. Es gibt vielmehr verschiedene Bakterienmuster, die der Gesundheit zuträglich sein können. Klar ist auch: Ein verarmtes Mikrobiom zeigt an, dass etwas im Körper nicht stimmt. Dann spricht man auch von einer „Dysbiose". Bei Patienten mit Morbus Crohn, einer chronisch-entzündlichen Darmerkrankung, findet man beispielsweise nur noch 30 bis 50 Bakterienarten.

Darmfreundliche Ernährung

Wie viele unterschiedliche Bakterien und wie viele Abnehmhelfer sich im Darm tummeln, hängt vor allem von der Ernährung ab. Ausreichend Ballaststoffe, Vollkorngetreide in Bioqualität, resistente Stärke (zum Beispiel aus gekochten abgekühlten Kartoffeln), entzündungshemmende sekundäre Pflanzenstoffe aus Gemüse und Obst, verdauungsfördernde Kräuter und Gewürze, fermentierte Nahrungsmittel mit Milchsäurebakterien, weißes Biofleisch in kleinen Mengen, Fisch und viel Wasser sind dabei der Schlüssel zum Erfolg. Außerdem mag das Mikrobiom Esspausen. Eine Ernährungsumstellung zum Abnehmen kann man also effektiv mit Intervallfasten verbinden. Wer auf ausreichend Bewegung und einen festen Schlafrhythmus achtet, unterstützt ein schlank machendes Mikrobiom zusätzlich. Wenig bekannt ist die Tatsache, dass hohe gleichbleibende Temperaturen (23 °C und mehr draußen oder drinnen) die Darmflora negativ beeinflussen. Gute Schlank-Bakterien hingegen setzen sich bei wechselnden und niedrigeren Temperaturen (14 bis 17 °C) besser durch und wandeln träges weißes Fettgewebe in stoffwechselaktives braunes Fett um. Also bei kühlem Wetter ruhig die Heizung etwas herunterschalten und oft nach draußen gehen.

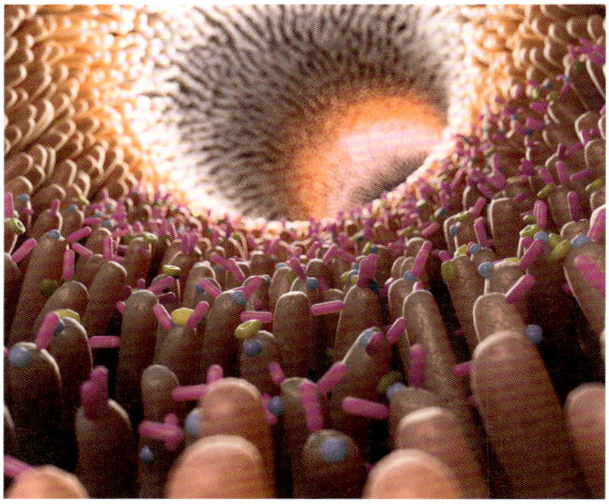

Sitz des Mikrobioms: die Darmschleimhaut.

Bei Störungen Gewichtszunahme

Ist das Bakteriengleichgewicht gestört, kann das dazu führen, dass man an Gewicht zulegt, ohne mehr Kalorien aufzunehmen. Das im gesunden Zustand artenreiche Ökosystem im Bauch gerät zum Beispiel durch viel Zucker, stark verarbeitete Fertiggerichte im Übermaß, Alkohol, viel Weißbrot, Hartweizennudeln und andere ballaststoffarme Kost aus der Balance. Einseitige Diäten wie die Keto-Diät oder eine strikt glutenfreie Ernährungsweise wirken sich ebenfalls negativ auf die Vielfalt aus. Die Folge: Der nach einer Diät typische Jo-Jo-Effekt setzt ein. Auch die Einnahme von Antibiotika ist schlecht für das Gleichgewicht der Bakterien. Denn die Medikamente vertreiben nicht nur die krank machenden Keime, sie stören auch die Vielfalt der Darmflora, was wiederum Folgebeschwerden nach sich zieht. Lässt sich der Einsatz nicht vermeiden, ist während und nach der Einnahme von Antibiotika eine Probiotikakur ratsam (siehe Seite 18). Blutdrucksenker, Schmerzmittel, Antidepressiva sowie viele Antidiabetika, aber auch Vitamintabletten und einige Nahrungsergänzungsmittel (Magnesium, Kalzium und Eisen) verändern das Mikrobiom ebenfalls. Daher sollten diese immer nur in Absprache mit einer Ärztin oder einem Arzt eingenommen werden. Auch Rauchen beeinflusst das Mikrobiom negativ.

Kranker Darm, kranker Mensch

Auch zu viel Nahrung macht das Mikrobiom träge. Wird es ständig mit Nährstoffen geflutet, nimmt die Bakterienvielfalt ab und krank machende Prozesse setzen ein. In Urzeiten waren unsere Vorfahren regelmäßig mit Hunger und Durchfallerkrankungen konfrontiert. Dies führte immer wieder zu einer Art „Reset“ im Darm, was offensichtlich vor Leiden bewahrte, mit denen der Homo sapiens heute zu kämpfen hat und die man früher nicht kannte: wie chronisch entzündliche Darmerkrankungen, Reizdarm, Diabetes oder Fettleber. Darum ist es ratsam, eine Ernährungsumstellung beim metabolischen Syndrom (gleichzeitiges Auftreten von Übergewicht, Diabetes, hohen Fettwerten und Bluthochdruck) mit einer Fastenkur zu beginnen. Studien haben gezeigt, dass das Fasten wie ein Katalysator für die schützenden Mikroorganismen im Darm ist und sich positiv auf die Gesundheit auswirkt. Eine große Diversität verbessert den Zuckerstoffwechsel und hemmt Entzündungen, zudem sinken der Blutdruck und die Blutfettwerte. Weil das Mikrobiom auf so vielfältige Risikofaktoren für Krankheiten Einfluss nimmt, verwundert es nicht, dass Übergewichtige, die sonst rundum gesund sind, ein ähnlich diverses Bakterienmuster wie schlanke Menschen besitzen.

Schlank mit Stuhltransplantation?

Welchen Einfluss haben Darmbakterien aufs Gewicht? Dieser Frage gingen Forscher der Washington University School of Medicine in St. Louis schon vor mehr als zehn Jahren nach. In einem Experiment mit Mäusen fanden sie heraus, dass die Tiere dick werden, wenn man ihnen Darmbakterien eines fettleibigen Menschen einsetzt. Daraufhin ließen die Wissenschaftler die runden Mäuse zusammen mit normalgewichtigen Artgenossen in einen Käfig, denen zuvor Bakterien von schlanken Menschen implantiert worden waren. Nach einiger Zeit hatten alle Tiere etwa den gleichen Umfang. Was war passiert? Da Mäuse die Fäkalien ihrer Käfigkollegen fressen, hatten beide Gruppen ihre Darmbakterien auf diese Weise vermischt. Die übergewichtigen Tiere nahmen mit den schlank machenden Darmbewohnern ab, die normalgewichtigen blieben, wie sie waren. Sie nahmen nicht zu, obwohl sie Dickmacherbakterien im Darm hatten. Der Austausch fand also einseitig statt. Leider weiß man bis heute nicht, ob diese Erkenntnisse auf den Menschen übertragbar sind. Stuhltransplantationen werden derzeit nur bei einer chronischen Infektion mit lebensgefährlichen Clostridiumkeimen erfolgreich eingesetzt. Stuhlübertragungen bei Übergewichtigen waren hingegen kaum wirksam, teils legten diese sogar an Gewicht zu. Dennoch hoffen Forscher, mit dieser Methode künftig Übergewichtigen helfen zu können.

Neues aus der Forschung

Was hat das Mikrobenmuster mit sportlicher Leistung, Fettleber, Long Covid und Alzheimer zu tun? Warum schlagen Luftschadstoffe bei Neugeborenen auf den Magen? Die Wissenschaft ist einigen Fragen nachgegangen und hat dabei teils überraschende Antworten gefunden.

FETTLEBER? FRAG DEN DARM

Mikroben im Darm spielen bei der Entstehung der sogenannten nichtalkoholischen Fettleber eine Rolle, weil sie für die Integrität der Darmbarriere zuständig sind. Wird diese löchrig, können entzündliche Bestandteile von Bakterien in die Leber gelangen. Auch umgekehrt kommunizieren Leber und Darmbakterien – man spricht von der Darm-Leber-Achse. Forscher des Leibniz-Instituts für Naturstoffforschung und Infektionsbiologie wollten nun wissen, ob man auch bei gesunden Menschen im Darm ablesen kann, wer einmal eine Fettleber entwickeln wird. Dafür wurde zuerst das gesunde Mikrobiom analysiert und dann nach vier Jahren untersucht, welche Unterschiede es bei Gesunden und Erkrankten gab. Kombiniert man diese Mikrobenmuster mit bereits gängigen Blutanalysen, kann man mit 80-prozentiger Wahrscheinlichkeit vorhersagen, ob jemand leberkrank wird. Solche Prognosen sind wichtig, um Risikofaktoren für eine Fettleber wie etwa Diabetes Typ 2 oder Bluthochdruck frühzeitig zu behandeln.

Gefährliche Luftschadstoffe

Umwelteinflüsse, die ein Baby in den ersten 1000 Tagen nach der Geburt durchlebt, prägen das Mikrobiom. So weiß man, dass eine natürliche Geburt und Stillen für ein gesundes Darmmilieu sorgen. Eine neue US-Studie der Universität von Colorado in Boulder sieht nun auch in einer starken Schadstoffbelastung der Luft ein Risiko für die sich entwickelnde Darmgemeinschaft bei Kindern. Je mehr Feinstaub und Stickstoffdioxid aus Straßenverkehr, Baustellen und Fabrikschloten ein Kind in den ersten sechs Monaten einatmete, desto mehr entzündliche Stoffe fanden sich im Darm. Bei einer genaueren Analyse fanden die Forscher, dass der entzündungshemmende Keim Phascolarctobacterium seltener vorkam, während der gesundheitsschädliche Dialister sich vermehrt hatte. Diese Veränderungen könnten die Kinder für chronische Krankheiten wie Morbus Crohn, Allergien oder Übergewicht empfänglich machen.

Länger laufen mit Kraft aus dem Darm

Lassen sich sportliche Leistungen mit Darmbakterien verbessern? Um das herauszufinden, verglichen Forscher das Mikrobiom von Marathonläufern mit dem von Nichtsportlern. Die Läufer hatten vor allem nach einem Wettkampf deutlich mehr gute Veillonella-Bakterien im Darm als die Nichtsportler. Diese Powerbakterien wurden isoliert und Mäusen verabreicht – mit einem erstaunlichen Ergebnis: Die Mäuse mit den „gepimpten" Bakterien hielten beim Laufen 13 Prozent länger durch als Artgenossen mit anderen Bakterien im Darm.

Im Fokus: das Mikrobiom und Long Covid

Derzeit ist unklar, warum einige Corona-Erkrankte auch nach vier bis zwölf Wochen noch Symptome haben oder sogar neue Symptome auftreten. Long bzw. Post Covid ist die Bezeichnung dafür, wenn die Krankheit nicht abheilen will. Eine Theorie nimmt das Mikrobiom als Ursache ins Visier. Denn durch die Infektion kommt es nicht nur zu Schädigungen der Lunge, auch im Darm hat man ein Ungleichgewicht beobachtet. Die Folge: Es werden bestimmte Viren wie das Epstein-Barr-Virus aktiviert, die von einem gesunden Mikrobiom eigentlich in Schach gehalten werden. Diese Viren könnten nun über die Blut-Hirn-Schranke ins Gehirn gelangen und dort Schäden wie Gedächtnisstörungen verursachen (Brain Fog), von denen viele Long-Covid-Patienten betroffen sind.

Neue Hoffnung bei Alzheimer?

Auch bei Alzheimer spielt das Darmmikrobiom eine wichtige Rolle, die sich möglicherweise für neue Therapien nutzen lässt. An der Universität Tübingen fanden Wissenschaftler heraus, dass die Alzheimererkrankung sowohl in Sachen Stoffwechsel als auch bei der Zusammensetzung der Bakterien im Mikrobiom der Erkrankten erkennbar ist. Das unterstreicht zum einen die Bedeutung der Darmflora bei der Diagnose. Zum anderen bestätigt es auch die Hoffnung, dass die bisher unheilbare Krankheit zukünftig auf innovative Weise behandelt werden kann, indem man sie über das Mikrobiom beeinflusst. Wie wirksam das sein könnte, wird in weiteren Studien noch untersucht.

Schlankmacher: Was ist gutes „Bakterienfutter"?

Eine darmgesunde Ernährung ist nicht schwer. Mit Vollkornprodukten, reichlich Pflanzenkost, fermentierten Lebensmitteln und hochwertigem Eiweiß schaffen Sie die besten Voraussetzungen, um schlank zu werden.

Darmbewohner brauchen eine gute Fürsorge, damit die richtigen gefördert werden und das Abnehmen leichter fällt. Das schaffen Sie vor allem, wenn Sie Ihre Mikroben optimal mit bestimmten Substanzen versorgen: Dazu zählen vor allem Prä- und Probiotika. Präbiotika sind meist unverdauliche Kohlenhydrate wie Oligosaccharide und Oligofructose. Sie gehören zu den löslichen Ballaststoffen und regen die nützlichen Darmbakterien zum Wachstum an. Probiotika sind lebende Mikroorganismen, die nicht krank machen. Sie verdrängen zum einen die ungünstigeren Darmbakterien und unterstützen die vorhandenen guten Mikroben. Daneben sind auch ausreichend Eiweiß, Omega-3-Fettsäuren sowie die in Obst und Gemüse vorkommenden Polyphenole bestes „Futter" für unser Mikrobiom. All diese Inhaltsstoffe fördern Bakterien, die schlank machende Substanzen bilden.

Lieblingsspeise: Ballaststoffe

Die zahlreichen Darmbakterien freuen sich riesig über eine tägliche Portion „fermentierbare" Ballaststoffe. Diese stecken vor allem in der Schale von Getreide, aber auch in Nüssen, Hülsenfrüchten sowie Gemüse und Obst. Weil sie von den gängigen Verdauungsenzymen nicht aufgespalten werden, gelangen sie bis in den Dickdarm. Zu diesen speziellen Ballaststoffen zählen Inulin (siehe Kasten rechts), Hemizellulose, Oligofructose, Fructane oder verschiedene andere komplexe Kohlenhydrate wie resistente Stärke, Lactulose, Galactooligosaccharide oder Pektine. Mit ihnen vermehren sich zum Beispiel Bifidobakterien, insgesamt erhöht sich die Diversität im Darm. Bifidobakterien bilden kurzkettige Fettsäuren, was unter anderem wie ein Appetitzügler wirkt. Zudem verbessern kurzkettige Fettsäuren die Insulinresistenz und halten die Darmbarriere gut in Schuss. Ballaststoffreiche Nahrung hemmt auf diesem Weg auch Entzündungen. Bifidobakterien bauen außerdem Gallensäuren um, was das Fettgewebe dazu veranlasst, mehr Energie zu verbrauchen.

Quellen für Präbiotika:

- **Hemizellulose:** Weizenkleie, Flohsamenschalen, Leinsamen, Chiasamen
- **Inulin:** Bananen, Chicorée, Gerste, Knoblauch, Lauch, Roggen, Schwarzwurzeln, Topinambur, Pastinaken, Spargel und Zwiebeln
- **Pektin:** Apfel (Schale!), Quitte, Aprikosen, Kirschen, Möhren
- **Resistente Stärke:** Hülsenfrüchte oder abgekühlter Reis, abgekühlte Nudeln oder Kartoffeln
- **Beta-Glucan:** Gerste, Hafer, Backhefe
- **Psyllium und Guar:** Flohsamenschalen und Guarbohnen
- **Agar, Alginat, Carrageen:** essbare Meeresalgen

Fazit: Es sollten täglich mindestens 30 Gramm Ballaststoffe auf dem Speiseplan stehen.

Gutes für den Darm: Wunderwirkstoff Inulin

Wenn es um eine gesunde Darmflora geht, spielt der Ballaststoff Inulin eine ganz besondere Rolle. Er lässt gute Bakterien wachsen und dämmt unerwünschte ein. Mit Inulin können Sie Ihre Darmbakterien auf natürliche Weise füttern.

Inulin gehört zu den Präbiotika. Es bindet Wasser und gilt als natürliches Süßungsmittel. Pflanzen bilden dieses Naturprodukt meist in ihren Wurzeln, um darin Energie zu speichern, die sie bei Bedarf abrufen können. Da der menschliche Körper keine Enzyme hat, die dazu in der Lage sind, können wir keine Energie aus Inulin gewinnen. Aber: Obwohl der Körper Inulin nicht verwertet, tut es ihm viel Gutes, indem es als „Futter“ für nützliche Bifidobakterien dient und krank machende Erreger aus dem Darm verdrängt. Und zwar ohne den Organismus mit allzu vielen zusätzlichen Kalorien zu belasten.

Gut für die Figur und die Verdauung

Als Wunder-Ballaststoff kann Inulin aber noch mit weiteren Pluspunkten glänzen:

- Es verhindert Heißhunger, weil es in gequollenem Zustand länger satt hält. Damit unterstützt Inulin das Abnehmen.
- Es hält den Blutzuckerspiegel konstant, weil es dafür sorgt, dass andere Nährstoffe langsamer aufgenommen werden.
- Wenn Kohlenhydrate fermentiert werden, entstehen Gase, die den pH-Wert im Darm senken. Das führt dazu, dass krankheitserregende Bakterien sich schwerer ansiedeln können.
- Inulin fördert die Aufnahme von Kalzium und Magnesium in den Knochen und könnte damit die Behandlungsmöglichkeiten für Osteoporose verbessern.

- Es wirkt verdauungsfördernd, denn es quillt auf, wenn es Flüssigkeiten bindet. Das regt den Stuhlgang an.

Vorsicht bei empfindlichem Darm

Wer es nicht gewohnt ist, reagiert auf inulinhaltige Lebensmittel eventuell mit Blähungen oder Durchfall. Die Betroffenen sollten dann nicht zu viel davon essen. Ein guter Durchschnitt sind bis zu 10 Gramm täglich, ab 30 Gramm können Probleme auftreten. Auch bei Patienten mit einer Fruktoseintoleranz kann Inulin Beschwerden auslösen, denn es besteht aus Fruchtzuckermolekülen. Fruchtzucker wird nicht im Dünndarm abgebaut, sondern gelangt über einen Transporter in der Darmwand ins Blut. Bei einer Fruktoseunverträglichkeit sind diese Transporter dezimiert oder defekt, sodass viel Fruktose in den Dickdarm gelangt. Wenn die Bakterien diese abbauen, kann es zu Durchfall und Blähungen kommen.

Gesundheitsfördernd: Probiotika

Probiotika finden sich in vergorenen, also fermentierten Lebensmitteln. Dazu zählen Milchprodukte wie Joghurt, Kefir, Buttermilch und Käse, aber auch Sauerkraut, Pickles, Kimchi, Miso, Kombucha oder Oliven. Das Fermentieren ist die älteste Methode, Lebensmittel haltbar zu machen. Heute ist klar, dass diese Kulturtechnik sehr gut für unseren Darm ist. Fermentierte Lebensmittel enthalten nämlich lebensfähige Mikroorganismen wie Milchsäurebakterien und Hefen, die unserer Darmflora guttun. Zudem können einige Probiotika antibiotische Abwehrstoffe gegen krank machende Keime bilden.

Mehr Diversität im Darm

Bei der Herstellung von Sauerkraut oder Pickles lockern Milchsäurebakterien die Zellwände des Gemüses auf und machen so Weißkohl oder Bohnen besser verträglich. Zudem wird das Aroma von Lebensmitteln durch die Gärung verändert. Doch das Potenzial von Fermentiertem geht noch darüber hinaus. Fans dieser Lebensmittel verleiben sich nämlich viele Mikroben ein, die teilweise die Magenpassage überleben und so die Vielfalt im Darm vergrößern. Aktuelle Studien legen nahe, dass das Risiko für Übergewicht, Diabetes, Herz-Kreislauf-Leiden oder entzündliche Darmerkrankungen sinkt, wenn viele fermentierte Produkte auf dem Speiseplan stehen. Dann landen die guten Milchsäure- und Bifidobakterien im Darm und bilden gesundheitsfördernde und schlank machende Stoffe wie kurzkettige Fettsäuren. Obendrein verändern sie das Darmmilieu, also die Zusammensetzung der Bakteriengemeinschaft. In Joghurt stecken zum Beispiel die Bakterien Lactobacillus bulgaricus und Streptococcus thermophilus. Außerdem liefert Joghurt ebenso wie frisches Sauerkraut weitere darmfreundliche Substanzen wie Eiweiß. Studien belegen: Joghurtfans haben häufiger ein normales Gewicht und sind auch insgesamt gesünder. Einige Wissenschaftler fordern darum bereits, fermentierte Lebensmittel in die offiziellen Ernährungsempfehlungen aufzunehmen. Da sich die guten Bakterien aber nur kurzzeitig im Darm ansiedeln, sollte man täglich Fermentiertes zu sich nehmen. Für eine bessere Verträglichkeit die Mengen dabei nach und nach erhöhen.

Rohkost liefert auch probiotische Bakterien

Probiotische Bakterien sitzen ebenfalls auf rohem Obst und Gemüse, auf Äpfeln, Trauben oder Salatblättern. Auf einem Apfel tummeln sich schätzungsweise 100 Millionen Bakterien – hier ist es vor allem die Biovariante, die mehr unterschiedliche Bakterien liefert. Bioäpfel sind also besser für den Darm. Unklar ist, ob die Bakterien intakt im Darm ankommen müssen, um eine Wirkung zu entfalten. Zahlreiche Mikroben überstehen nämlich das Säurebad im Magen nicht. Auch die Zugabe von Essig zum Salat oder Hitze tötet einen Teil der Bakterien auf Rohkost ab. Man vermutet aber, dass auch Zellbestandteile von Bakterien ausreichen, um bestimmte gesundheitsfördernde Wirkungen im Körper zu erzielen.

Fazit: Fermentierte Lebensmittel und Rohkost gehören für eine darmfreundliche Ernährung unbedingt auf den täglichen Speiseplan.

Polyphenole

Die guten Darmbewohner freuen sich nicht nur über Prä- und Probiotika. Sie machen sich auch über Polyphenole (sekundäre Pflanzenstoffe) her und bauen diese ab. Nur etwa fünf bis zehn Prozent davon werden im Dünndarm aufgenommen, der große Rest wandert in den Dickdarm. So werden wiederum Bifidobakterien bevorzugt gefördert, die den Körper schlank und gesund halten. Polyphenole wie Resveratrol oder Catechine wirken zudem entzündungshemmend sowie zellschützend und können die Darmflora stabilisieren. Polyphenole sind in Gemüse, Obst, Olivenöl, Hülsenfrüchten, Nüssen, dunkler Schokolade, grünem und schwarzem Tee, Kaffee, Beeren, Olivenöl sowie Vollkornprodukten enthalten und geben den pflanzlichen Lebensmitteln ihre Farbe. Sie dienen den Pflanzen als Abwehrstoffe gegen Fressfeinde oder mikrobiellen Angriff und wirken darüber hinaus als Wachstumsregulatoren.

Fazit: Täglich sollten polyphenolreiche Lebensmittel auf den Tisch kommen. Ein Porridge oder Quark mit Blaubeeren ist zum Beispiel ein guter Start in den Tag (siehe Seite 42).

Eiweiß, Superstar!

Eiweiß macht schlank, das ist nichts Neues. Warum, ist bislang nicht ganz klar. Es könnte jedoch auch wieder mit dem Mikrobiom zu tun haben. Ein hoher Eiweißanteil in der Nahrung geht nämlich mit einer hohen Artenvielfalt im Darm einher. Auch die Konzentration an Bacteroidetes-Bakterien war nach proteinreichen Diäten erhöht, je mehr, desto größer war der Gewichtsverlust in Studien. Gleichzeitig ging ein Bakterium namens Prevotella zurück, wenn reichlich Eiweiß aufgenommen wurde. Diesen Darmbewohner findet man vor allem bei übergewichtigen Menschen. Forscher haben auch schon einen Eiweißbaustein ausgemacht, der von Bakterien umgebaut wird: die lebensnotwendige Aminosäure Tryptophan. Daraus entstehen etwa Indole, die Entzündungen hemmen und die Bildung von sogenannten GLP-1-Proteinen ankurbeln. Diese unterdrücken unter anderem das Hungergefühl und senken den Blutzucker. Vor allem im Alter ist es wichtig, ausreichend Eiweiß und vor allem Tryptophan aufzunehmen, um lange fit zu bleiben. Auch das Belohnungssystem im Gehirn springt bei einer ausreichenden Tryptophanzufuhr an. Denn die Aminosäure wird dort zum „Glückshormon" Serotonin umgebaut. Das verhindert, dass wir zu Frustessern werden. Tryptophan findet sich in Sojabohnen, Cashewkernen, Edamer, Erdnüssen, Thunfisch, Huhn, Linsen, Eiern, Haferflocken oder Speisequark. Weißes Fleisch und Fisch sollten Sie in Bioqualität wählen, so können Sie sicher sein, dass sie nicht mit Antibiotika belastet sind – das schadet den guten Mikroben im Darm.

Darmbakterien lieben es mediterran

Die mediterrane Kost besteht vor allem aus Gemüse, Obst, Hülsenfrüchten, Getreide, Fisch und Olivenöl. Sie ist keineswegs fettarm: Bis zu 15 Prozent der Nahrungsenergie stammt aus Olivenöl. Studien belegen, dass sich eine solche Ernährung trotz des hohen Fettgehalts günstig auf die Vielfalt des Darmmikrobioms auswirkt. In der Folge hat man ein geringeres Risiko für Fettleibigkeit, Diabetes Typ 2, bestimmte Krebsformen, Alzheimer, Depression und Morbus Crohn. Neben natürlichen Prä- und Probiotika liefert die Mittelmeerkost auch langkettige Omega-3-Fettsäuren, die vor allem in fettem Seefisch vorkommen. Auch diese werden von Bakterien verstoffwechselt – mit positiven Folgen: Sie wirken gegen Entzündungen, hemmen die Lipogenese, also die Fettbildung aus überschüssigen Kalorien, und verbessern die Glukosetoleranz. Wer Olivenöl nicht gern mag, kann Rapsöl verwenden.

Fazit: Es sollten idealerweise 1 bis 1,2 Gramm Eiweiß pro Kilogramm Körpergewicht am Tag aufgenommen werden: davon ein Drittel tierisches und zwei Drittel pflanzliches Eiweiß. Spezielle High-Protein-Produkte braucht es nicht.

Achtung, Dickmacher!

Eine große Artenvielfalt im Darm hilft dem Körper, schlank und fit zu bleiben. Dafür sollten Sie bei einigen Lebensmitteln eher zurückhaltend sein. Vor allem Zucker, fettreiche Fleischwaren wie Wurst und bestimmte Zusatzstoffe fördern das Wachstum von dick machenden Mikroben.

Hochverarbeitete Lebensmittel wie Kekse, Wurstwaren oder Softdrinks machen das Abnehmen praktisch unmöglich. Sie liefern nicht nur eine hohe Energiedichte, also viele Kalorien pro Portion, ohne dabei gut zu sättigen. In ihnen stecken auch Zucker und schlechte Fette, die das Mikrobiom negativ beeinflussen. Dadurch werden herzschädigende Stoffe gebildet und die Darmbarriere wird löchrig, was wiederum Entzündungen fördert. Außerdem sterben viele gute Mikroben-Varianten ab, das Darmmilieu verarmt. Nicht zuletzt sind einige Zusatzstoffe vermutlich schädlich für den Darm. Darum sollten Sie bei Fast Food lieber öfter Nein sagen.

DIE ERNÄHRUNGS-DOCS

Zu viel Salz steigert das Risiko für Übergewicht, Bluthochdruck oder Magenkrebs. Diese Effekte werden teilweise durch Darmbakterien vermittelt. Gute Mikroben, die kurzkettige Fettsäuren bilden, sterben nämlich durch zu viel Salz ab, während sich krank machende vermehren. Salzen Sie darum sparsam (maximal 6 Gramm pro Tag) und greifen Sie lieber zu Kräutern und Gewürzen. Diese hemmen mit ätherischen Ölen Entzündungen und unterstützen die Verdauung.

Süße Schattenseiten

Klar, Zucker versüßt den Moment. Wer langfristig gesund bleiben will, sollte jedoch Zucker nur sparsam einsetzen (maximal 25 Gramm pro Tag). Vor allem gesüßte Getränke wie Softdrinks sind mit einem höheren Risiko für Übergewicht verbunden. Das liegt nicht nur an den Kalorien, die der Süßmacher liefert. Auch im Darm richtet ein Übermaß an Zucker Schaden an, was Pfunde auf die Hüften treibt. Die Zahl der guten Bacteroidetes nimmt ab, während Proteobakterien sich munter vermehren. Die Folge: Die Durchlässigkeit des Darms erhöht sich. Durch die Löcher im Darm gelangen mehr sogenannte Endotoxine aus dem Darm ins Blut, was Entzündungen fördert und die Entzündungsprozesse quasi ins Fettgewebe exportiert. So wird das Sattmacherhormon Leptin blockiert. Bei Naschkatzen finden sich auch weniger unterschiedliche Bakterienarten im Darm. Das führt wiederum zu ständigem Appetit und bringt den Zuckerstoffwechsel durcheinander. Gängiger Zucker (Haushaltszucker) besteht zu gleichen Teilen aus Glukose und Fruktose. Beide Substanzen werden unterschiedlich verstoffwechselt und haben darum unterschiedliche Wirkungen. Vor allem die Fruktose (Fruchtzucker) ist in letzter Zeit in Verruf geraten. Kommt der Fruchtzucker jedoch in Form von Äpfeln oder Trauben daher, sieht die Sache schon besser aus. Trotz hoher Fruktosemengen scheinen die positiven Wirkungen der Ballaststoffe im Obst zu überwiegen. Dennoch sollte mehr Gemüse als Obst auf dem Speiseplan stehen.

Süßstoffe lassen keine Pfunde purzeln

Aspartam, Saccharin, Sucralose und Cyclamat: Lange galten Süßstoffe als Retter, um die Übergewichtsepidemie einzudämmen. Teilweise sind diese Substanzen, die keine Kalorien liefern, aber sehr stark süßen, schon seit mehr als 100 Jahren auf dem Markt. Dennoch gibt es heute nicht weniger Übergewichtige als damals, im Gegenteil! Mit der Erforschung des Mikrobioms hat man nun auch diese Kunstprodukte genauer auf ihre Wirkung im Verdauungstrakt abgeklopft. Tatsächlich scheinen die Wirkstoffe eher der Darmflora zu schaden. In welchem Ausmaß ist noch ungewiss. Es gibt jedoch Hinweise, dass große Mengen an Süßungsmitteln bestimmte Darmbakterien wie Escherichia coli und Enterococcus faecalis dazu bringen können, durch die Darmwand zu schlüpfen und sich in Leber, Milz und Nieren anzureichern. Deshalb sollten Sie bei einer Diät auf Süßungsmittel verzichten und lieber langsam Ihren Süßgeschmack herunterfahren.

Fleisch: zurück zum Sonntagsbraten!

Zwar gilt Eiweiß als förderlich für die Darmbakterien, doch zu viel tierisches Eiweiß (wie in Fleisch) sollte es auch nicht sein. Einerseits bilden bestimmte Darmbakterien aus dem Protein L-Carnitin, das in Rind-, Lamm- und Schweinefleisch vorkommt, den schädlichen Stoff Trimethylamin-N-Oxid (TMAO). Auch aus Cholin, das in Eiern und Milch steckt, entsteht im Darm TMAO. Die Substanz fördert die Verfettung der Leber und führt zu Herzleiden. Da Übergewichtige sowieso ein erhöhtes Risiko für diese Krankheiten haben, sollten sie möglichst wenig Fleisch essen. Dafür spricht auch: Es entsteht besonders viel TMAO, wenn die Darmflora an eine stark fleischhaltige Nahrung angepasst ist. Während bei Vegetariern und Veganern weniger der herzschädlichen Substanz gebildet wird. Und wenn dann doch mal ein Steak auf den Tisch kommt, könnte offenbar der gleichzeitige Konsum von Knoblauch hilfreich sein – die Würzknolle wirkt der TMAO-Bildung nämlich entgegen. Vor allem bei Wurst ist Mäßigung doppelt wichtig, da auch zu viel gesättigte Fette darin vorkommen und diese die Artenvielfalt im Darm mindern. Obendrein liefern Wurstwaren viele Kalorien. Zurückhaltung bei rotem verarbeitetem Fleisch wie Bratwurst, Salami und Co. zahlt sich also auf vielen Ebenen aus – nicht zuletzt auch deshalb, weil es Darmkrebs begünstigt. Wenn Sie nicht auf Fleisch verzichten möchten: Essen Sie maximal 300 bis 400 Gramm vorwiegend weißes Fleisch pro Woche und wenig bis gar keine Wurstwaren.

Zusatzstoffe im Verdacht

Dass einige Zusatzstoffe (zu erkennen als E-Nummern), die hochverarbeitete Lebensmittel ansehnlich, schmackhaft oder lange haltbar machen, das Mikrobiom und damit auch die Energieaufnahme beeinflussen, wird seit einigen Jahren immer deutlicher. Es gibt erste Studien mit den Emulgatoren Polysorbat 80 (E433) und Carboxymethylcellulose (E466), die Fertigprodukte stabilisieren. Gleichzeitig hemmen sie jedoch im Darm auch gute Bacteroidales und fördern Ruminococcus gnavus, ein Bakterium, das Entzündungen befeuert. Auch Titandioxid (E171), ein Weißmittel, wurde als Zerstörer der Darmschleimhaut entlarvt und von der EU kürzlich verboten. Zwar gelten Zusatzstoffe als unbedenklich, allerdings bleiben bei der Risikobewertung Langzeiteffekte außen vor. Wer also auf Nummer sicher gehen möchte, sollte möglichst oft frisch kochen oder Bioprodukte wählen – diese dürfen nur wenige Zusatzstoffe enthalten.

Top-Lebensmittel fürs Mikrobiom: Wir machen den Darm stark

Um Bakterien als nützliche Helfer im Darm zu unterstützen, spielen Ballaststoffe und Probiotika eine große Rolle. Eine optimale Mischung zum Gesundbleiben und Abnehmen entsteht, wenn Sie möglichst oft zu den folgenden Lebensmitteln greifen.

HIMBEEREN UND CO.

Himbeeren, Blaubeeren, Johannis- und Brombeeren sind nicht nur kalorien- und zuckerarm – sie enthalten auch viele Ballaststoffe, reichlich Vitamin C sowie sekundäre Pflanzenstoffe (Polyphenole), die Entzündungen im Körper bekämpfen. Naschen Sie also möglichst oft von den kleinen Früchtchen.

CHICORÉE

Die Wurzeln mit den weiß-gelben Blättern enthalten viel Inulin, das im Darm ein Klima schafft, in dem sich gute Bakterien gern ansiedeln. Chicorée ist vitamin-, ballaststoff- und mineralstoffreich. Er sättigt sehr gut, hat aber wenig Kalorien und eignet sich deshalb auch perfekt zum Abnehmen.

KEFIR

Die in dem fermentierten Milchgetränk enthaltenen Milchsäure- und Bifidobakterien halten die Darmflora im Gleichgewicht. Als Probiotikum unterstützt Kefir die Verdauung, schützt vor Infektionen, hält schlank und soll auch geistige Leistungen fördern. Wer empfindlich auf Laktose reagiert, verträgt fermentierte Milchprodukte meist besser als herkömmliche Milch, denn Milchsäurebakterien bauen Laktose ab.

NÜSSE

Nüsse haben zwar ordentlich Kalorien, eignen sich aber trotzdem für eine darmfreundliche Kost, mit der man abnehmen kann. Gesundes Fett, Proteine, Ballaststoffe, Vitamine, sekundäre Pflanzenstoffe (Polyphenole) – in den kleinen Kraftpaketen steckt fast alles, was ein Top-Nahrungsmittel ausmacht. Vor dem Zuviel schützt eine Faustregel: Essen Sie nicht mehr als eine Handvoll Nüsse pro Tag. Das ist etwa so viel wie fünf Walnusskerne.

HAFERFLOCKEN

Die Alleskönner unter den Frühstücksflocken schützen den Darm vor krankheitserregenden Bakterien. Hafer ist eine hervorragende Quelle für pflanzliches Eiweiß. Zudem enthält er reichlich Ballaststoffe, die die Verdauung anregen, wertvolle Mineralstoffe und unter anderem die Vitamine B1 und E. Beta-Glucane, die zu den Ballaststoffen gehören, halten den Blutzuckerspiegel in Schach. Das ist wichtig für Diabetiker und alle, die abnehmen wollen.

GETROCKNETE ÄPFEL

Das Trockenobst liefert reichlich Pektin, einen Ballaststoff, der von den nützlichen Darmbakterien zu gesunden kurzkettigen Fettsäuren abgebaut wird. Außerdem sind getrocknete Äpfel, die zwar Zucker, aber kein Fett enthalten, in Maßen (!) konsumiert ein guter Naschersatz, wenn man auf Süßigkeiten verzichten möchte. Das gilt übrigens auch für anderes Trockenobst wie Aprikosen, Datteln und Pflaumen.

HÜLSENFRÜCHTE

Bohnen, Linsen, Kichererbsen und Co. punkten mit Ballast- und Mineralstoffen sowie hochwertigem pflanzlichem Eiweiß, das vor allem für Veganer und Vegetarier wichtig ist. Allerdings verträgt nicht jeder die Verdauungsförderer. Viele reagieren empfindlich und bekommen Blähungen. Das lässt sich vermeiden, indem man Magen und Darm langsam daran gewöhnt – also mit kleinen Portionen anfangen und dann langsam, aber regelmäßig mehr essen.

SAUERKRAUT

Das Powerkraut gilt als echtes Superfood für den Darm: Denn bei seiner Produktion vermehren sich nützliche Mikroorganismen in großen Mengen. Da beim Erhitzen nicht nur Vitamine, sondern auch wertvolle Milchsäurebakterien verloren gehen, sollte man Sauerkraut möglichst roh und unbehandelt essen. Das darin enthaltene Vitamin B12 macht das Kraut auch für Veganer interessant. Kurzfristig wirkt Sauerkraut wie ein leichtes natürliches Abführmittel.

KOHLGEMÜSE

Sie macht den Kohl nicht fett, aber zu einem darmfreundlichen Lebensmittel: Cellulose. Der wasserunlösliche Ballaststoff steckt in Rosenkohl, Brokkoli, Grünkohl und Co. Im Darm bindet Cellulose Wasser, macht den Stuhl dadurch weicher und beugt so Verstopfung vor. Ein weiteres großes Plus: Die im Kohlgemüse enthaltenen Glucosinolate haben eine krebshemmende Wirkung.

WURZELGEMÜSE UND -KNOLLEN

Ein Hoch auf die bunte Truppe aus der Erde: Möhren, Rote Bete, Knollensellerie, Kartoffeln und Co. sind Spitzenlieferanten für Ballaststoffe und resistente Stärke. Daneben haben sie weitere wertvolle Inhaltsstoffe im Gepäck wie Vitamine, Mineralien und sekundäre Pflanzenstoffe. Grund genug, sie möglichst häufig aufzutischen: am besten gedämpft oder als Ofengemüse.

VOLLKORNPRODUKTE

Um Ihr Ballaststoffkonto ins Plus zu bekommen, sollten Sie bei Getreideprodukten wie Brot, Nudeln oder Reis möglichst zur Vollkornvariante greifen. Denn diese enthält im Vergleich zu Weißmehlprodukten deutlich mehr von den unverdaulichen Pflanzenstoffen. Zudem liefern Vollkornprodukte Vitamine (vor allem der B-Gruppe), Eiweiß und Mineralstoffe (wie Zink, Eisen, Magnesium) und sind somit nicht nur für den Darm, sondern für den ganzen Körper top.

LEINSAMEN

Leinsamen bestehen zu gut einem Drittel aus wasserlöslichen Ballaststoffen, sind also eine wahre Wohltat für den Darm. Daneben liefern sie reichlich Lignane. Diese gehören zu den Phytoöstrogenen und sollen eine vorbeugende Wirkung gegen hormonabhängige Krebsarten haben. Ebenfalls gutes „Futter" für die Darmmikroben sind Flohsamenschalen und Chiasamen. Wichtig: Trinken Sie reichlich, damit die Samen gut quellen können.

Finden Sie es selbst heraus: Wie vielfältig ist Ihr Mikrobiom?

Eine artenreiche Darmflora macht schlank und gesund. Das Mikrobiom wird nicht nur durch unsere Ernährung beeinflusst, sondern auch durch Faktoren wie Rauchen oder Bewegung. Mit unserem Test können Sie herausfinden, wie es aufgrund Ihres Lebens- und Ernährungsstils wahrscheinlich um die Vielfalt in Ihrem Darm steht.

Sind Sie übergewichtig, obwohl Sie das Gefühl haben, nicht besonders viel zu essen?

Nein, ich habe normales Gewicht 2
Ja, und ich weiß tatsächlich nicht, warum 1
Nein, ich weiß genau,
dass ich zu viel Ungesundes esse 0

Essen Sie täglich Ballaststoffe, also Gemüse, Hülsenfrüchte, Obst und Vollkornprodukte?

Ja.. 2
Nein, aber mehrmals in der Woche 1
Nein, so gut wie nie... 0

Wie häufig leiden Sie unter Blähungen, Verstopfung oder Bauchschmerzen?

So gut wie nie 2
Gelegentlich.. 1
Fast täglich 0

Haben Sie eine chronisch-entzündliche Darmerkrankung?

Nein... 2
Ich weiß nicht 1
Ja... 0

Sind Sie Raucher?

Nein... 2
Ich habe vor mehr als einem Jahr aufgehört........... 1
Ja, ich rauche regelmäßig 0

Essen Sie Fast Food und Fertiggerichte?

Nur im Ausnahmefall... 2
Häufig... 1
So gut wie immer 0

Treiben Sie mehrmals in der Woche Sport?

Ja.. 2
Nein, nur hin und wieder 1
Nein, nie 0

Haben Sie Allergien gegen Nahrungsmittel?

Nein... 2
Ja, ich habe eine 1
Ja, ich habe mehrere 0

Wie viel Alkohol trinken Sie?

So gut wie keinen.. 2
Nicht mehr als einmal pro Woche 1
Täglich oder mehrmals pro Woche......................... 0

Wie oft und wie stark leiden Sie unter Stress?

Ich habe zwar Stress, werde aber gut damit fertig 2
Ich fühle mich ein paarmal in der Woche überfordert 1
Ich leide unter negativem Dauerstress 0

Wie oft nehmen Sie Antibiotika?

Nie, wenn es nicht sein muss 2
Selten 1
Ein- bis zweimal im Jahr oder öfter 0

Wie häufig nutzen Sie Abführmittel?

Nie 2
Selten 1
Regelmäßig 0

Wie oft essen Sie Fleisch oder verarbeitete Wurstwaren?

Nie 2
Ein- bis zweimal in der Woche.............................. 1
Täglich 0

Wie oft essen Sie?

Zwei- bis dreimal täglich 2
Fünfmal täglich 1
Mehr als fünfmal täglich 0

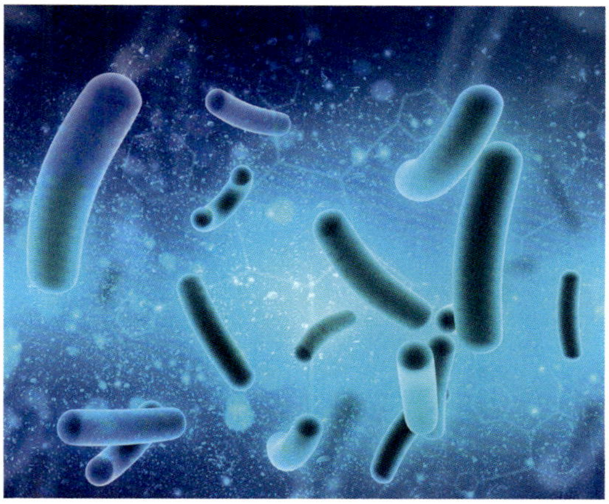

AUSWERTUNG

0 bis 13 Punkte: Wahrscheinlich steht es mit der Bakterienbalance in Ihrem Darm nicht zum Besten. Das kann das Abnehmen schwierig machen und zu verschiedenen Beschwerden führen. Die Artenvielfalt kann sich erholen, wenn Sie Ihre Ernähungsgewohnheiten und Ihren Lebensstil verbessern.

14 bis 21 Punkte: Sie machen einiges richtig, aber das reicht noch nicht, um den Darm aktiv und in Schuss zu halten. Sehen Sie nach, wo Sie keinen oder nur einen Punkt angekreuzt haben. Das sind die Bereiche, in denen Sie Ihrem Verhalten mehr Aufmerksamkeit schenken sollten, um das Mikrobiom in eine gesunde Balance zu bringen. Das Abnehmen wird dann besser klappen.

22 bis 28 Punkte: Top, offenbar führen Sie ein sehr darmgesundes Leben und fühlen sich rundum wohl. Ihr Mikrobiom wird es Ihnen danken. Bei Ernährungsfragen, bei denen Sie keine volle Punktzahl haben, können Sie vielleicht noch mehr tun. Wenn Sie trotzdem übergewichtig sind, versuchen Sie es mal mit Intervallfasten.

Für einen gesunden Darm: Unsere Ernährungsregeln im Überblick

Um das Abnehmen zum Erfolg zu führen, bitten Sie einfach Ihre Darmbewohner um Unterstützung. Denn ein artenreiches Mikrobiom trimmt den Körper auf schlank und gesund. Dafür sollten Sie folgende Tipps beachten.

Teure Prä- und Probiotika aus der Apotheke, die eine Wespentaille oder Adonis-Figur versprechen? Lange Listen, die einzelne Lebensmittel komplett verbieten? Das braucht es nicht für eine Ernährungsweise, die dem Körper das Abnehmen erleichtert und den Darm gesund hält. Es reichen ein paar einfache Regeln, um langfristig Pfunde zu verlieren.

Das sollten Sie meiden

► **Haushaltszucker:** liefert nur leere Kalorien, die den Darmbakterien schaden. Zucker fördert Entzündungen und erschwert das Abnehmen.

► **Fast Food:** Salz, schlechte Fette, Zucker, dafür wenig Eiweiß und Ballaststoffe – diese Kombi ist extrem ungünstig für ein artenreiches Darmmilieu.

► **Verarbeitetes Fleisch:** Große Mengen gesättigte Fettsäuren lassen das Bakterienmuster verarmen. Aus dem tierischen Eiweißbaustein L-Carnitin wird TMAO, eine Substanz, die Herz und Leber zusetzt.

► **Übergewicht:** Viele Pfunde führen zu einer verringerten Zahl an verschiedenartigen Mikroben im Darm. Außerdem steigt das Risiko, an Darmkrebs zu erkranken. Wie Sie Diätfrust vermeiden, erfahren Sie ab Seite 36.

► **Zuckerersatzstoffe:** Sie sind nicht nur machtlos gegen Übergewicht, sie scheinen auch sonst der Gesundheit eher abträglich zu sein. Lieber den Süßgeschmack herunterdimmen.

► **Emulgatoren:** Die Zusatzstoffe, die Fertiglebensmittel stabilisieren, stehen im Verdacht, Entzündungen im Darm zu fördern.

► **Alkohol:** Er schädigt die Darmbakterien und erhöht das Risiko für Darmkrebs. Und das bereits ab kleinen Mengen. Bier, Wein und Co. daher lieber links liegen lassen.

► **Salz:** Zu viele salzige Snacks oder Wurstwaren schaden der schlanken Linie. Salz regt den Appetit an, verringert bestimmte Milchsäurebakterien im Darm und erhöht bei vielen Menschen den Blutdruck.

► **Crash-Diäten:** Keto? Glutenfrei? Nulldiät? Wer Kohlenhydrate zu stark reduziert, nimmt meist schnell ab, der Schlank-Effekt ist jedoch nicht von Dauer. Denn bei extremen Low-Carb-Diäten werden auch oft Ballaststoffe gestrichen. Das schmeckt den Darmbakterien wiederum nicht. Alle Diäten, die starken Verzicht bedeuten, sind weitgehend unwirksam, da der Körper diese als Stress empfindet und an seinen Pfunden später umso stärker festhält.

Das legen wir Ihnen ans Herz

► **Pflanzenbetonte Kost:** Viele präbiotische Nahrungsmittel wie Gemüse, Beeren, Nüsse, Samen, Hülsenfrüchte und Vollkornprodukte sind Lieblingsessen der Darmbakterien – sie halten nicht nur schlank, sondern auch gesund.

► **Ballaststoffe:** Egal, ob Faserstoffe aus Vollkornbrot, Inulin aus Artischocken oder resistente Stärke aus abgekühlten Kartoffeln – Mikroben freuen sich über Unverdauliches. Sie bilden daraufhin Appetitzügler und entzündungshemmende Stoffe.

► **Fermentierte Nahrung:** Ob Joghurt, Kefir, Käse oder Sauerkraut – wer natürliche Probiotika auf seinen Speiseplan setzt, versorgt seine Darmflora regelmäßig mit guten Mikroben.

► **Gesunde Fette:** Hochwertige Omega-3-Fettsäuren in fetten Fischen (wie Hering und Wildlachs, aber auch Saibling und Forelle) und pflanzlichen Ölen (wie Lein- und Walnussöl) steigern die Anzahl gesundheitsfördernder Keime im Darm.

► **Hülsenfrüchte:** Erbsen, Linsen und Bohnen sind ideale Eiweiß- und Ballaststofflieferanten. Diese doppelte Ladung macht sie zu idealen Schlankmachern. Obendrein stecken sie voller Mineralstoffe.

► **Polyphenole:** Gesunde Aromastoffe in Beeren, Kaffee, Tee oder Vollkorngetreide wirken zellschützend und entzündungshemmend und können die Darmflora stabilisieren.

► **Biofleisch und -fisch:** Antibiotikarückstände in Lebensmitteln können vor allem in tierischen Produkten aus dem EU-Ausland vorkommen. Sie töten gutartige Bakterien ab. Daher lieber auf Bioware oder Regionales setzen.

► **Aufhören, bevor man satt ist:** Wer sich ständig überisst und damit den Körper mit Nährstoffen flutet, verringert die Vielfalt in seinem Darm.

► **Nahrungspausen:** Längere Esspausen (vier bis sechs Stunden zwischen den Mahlzeiten) helfen dabei, den Zuckerstoffwechsel stabil zu halten und die Darmmikroben zu erneuern.

► **Reichlich trinken:** Unterstützen Sie Ihren Darm bei der Verdauungsarbeit, indem Sie über den Tag verteilt 30 ml pro Kilogramm Körpergewicht trinken, am besten Wasser, ungesüßten Kräutertee und Kaffee in Maßen. Das beugt Verstopfungen vor.

DIE ERNÄHRUNGS-DOCS

Eine Wohltat für Ihren Darm ist eine zwei- bis dreitägige Haferkur (siehe Seite 154 ff.). Hafer enthält Ballaststoffe, die den Blutzucker und den Fettstoffwechsel regulieren. Zudem werden Milchsäurebakterien gefördert, was Entzündungen hemmt und den Appetit drosselt. Die Kur sollten Sie aber mit einer Ärztin oder einem Arzt absprechen.

Für den Darm und für die Figur: Schlank und fit mit mehr Bewegung

Ernährung ist die eine Seite. Fast genauso wichtig gegen Übergewicht und für eine gesunde Darmflora ist Bewegung. Viel Sport muss nicht unbedingt sein, aber zu wenig darf's nicht werden. Lesen Sie hier, was Sie mit körperlichen Aktivitäten für Ihre guten Bakterien tun können.

Was genau hat Sport mit dem Darm zu tun? Eine ganze Menge, denn jede Form von Bewegung fördert die Durchblutung des Organs. Es kann dann effektiver arbeiten und die Nahrung schneller weitertransportieren. Außerdem verbessert Bewegung die Qualität der Bakterien und sorgt dafür, dass die wertvollen Darmbewohner sich vermehren und die kurzkettige Fettsäure Butyrat (Buttersäure) bilden. Diese wiederum ernährt die Darmschleimhaut, hemmt Entzündungen, stärkt das Immunsystem und hat noch andere gesundheitsfördernde Wirkungen. Denn kurzkettige Fettsäuren senken den pH-Wert im Darm, sodass Krankheitserreger sich schlechter vermehren können.

Aufs Gewicht achten

Dieses Phänomen konnte man zuerst an Mäusen und später an Menschen belegen. Dabei zeigte sich im Rahmen einer Untersuchung, dass die Konzentration wertvoller kurzkettiger Fettsäuren bei allen Teilnehmern eines sechswöchigen Sportprogramms stieg, solange sie trainierten, und wieder absank, sobald die Probanden mit dem Sport aufhörten. Die größten Veränderungen konnten die Forschenden bei schlanken Testpersonen beobachten. Offenbar hängt es vom Körpergewicht ab, wie gut der Darm auf Bewegung reagiert. Ein Grund mehr, nicht nur auf eine darmgesunde Ernährung und ausreichend Bewegung, sondern auch aufs Gewicht zu achten.

Dauersitzen führt zu Verstopfungen

Wer seinen Arbeitstag überwiegend im Sitzen am Computer verbringen muss, sollte zumindest in der Freizeit Ausgleich schaffen. Denn Dauersitzen kann zu Verstopfung und Blähungen führen. Das ist unangenehm und auf Dauer ungesund. Je langsamer die Nahrung den Darm durchquert, desto länger bleiben schädliche Stoffe und ihre Abbauprodukte im Körper. Im Gewebe stauen sich Flüssigkeiten, was wiederum die Entstehung von Ausstülpungen in der Darmwand fördert. Auch Darmtumoren bilden sich bei Bewegungsmangel leichter.

Leichter Sport ist gefragt

Um in Schwung zu kommen, müssen Sie nicht allzu viel tun. Denn der Darm fühlt sich bei leichten sportlichen Aktivitäten am wohlsten. Schwimmen, Walken, langsames Joggen oder Yoga – willkommen ist alles, was sanft auf den Körper wirkt und die Muskeln im Darm anregt. Hier gilt nicht das Motto „Je mehr, desto besser", denn wer es übertreibt, riskiert das Gegenteil. Bei zu hartem Training ist der Verdauungsapparat nicht so aktiv. Eine Überanstrengung zum Beispiel der Bauchmuskeln kann Druck auf Magen und Darm ausüben, der wiederum Übelkeit, Durchfall, Verstopfung oder Krämpfe verursacht. Auch Stress, der bei sehr leistungsbetontem Sport entsteht, schlägt sprichwörtlich auf den Magen.

Fördert eine gesunde Darmflora: Regelmäßige Bewegung an der frischen Luft wie Nordic Walking.

Als Fußgänger die Welt entdecken

Am besten beginnen Sie mit mehr Bewegung im Alltag. Denn das funktioniert ganz nebenbei. Für alle, die berufsbedingt überwiegend sitzen müssen, ist es ein prima Einstieg. Gehen Sie Ihren Alltag in Gedanken durch: Wo ist noch Platz für Bewegung? Könnten Sie zu Fuß zum Einkaufen? Oder das Fahrrad mitnehmen? Welche Alternativen gibt es zu Bus, Bahn und Auto? Oftmals lassen sich zumindest Teilstrecken per pedes zurücklegen. Wenn Sie bisher Fahrstuhl oder Rolltreppen nutzen, wechseln Sie die Seite und gehen zumindest die erste, später die zweite und nach einiger Zeit auch alle anderen Treppen hoch. Im Büro ist der Vorsatz „Ich nutze jede Gelegenheit, um mal aufzustehen" nicht verkehrt. Denn damit haben Sie abends schon etwas auf Ihrem Aktivitätskonto, bevor Sie sich zum Sport aufraffen. Nutzen Sie auch die Ferien nicht nur, um auf der faulen Haut zu liegen. Ein touristisches Ziel zu Fuß ansteuern, die Aussichtsplattform über die Wendeltreppe statt über den Lift erreichen, im nächsten See ein paar Runden schwimmen, auf dem Fahrrad Kalorien verbrennen, die Muskeln stärken, mit Kindern fangen oder verstecken spielen: Im Urlaub ist meist mehr Zeit und das Nützliche lässt sich mit dem Angenehmen verbinden. Ganz wichtig ist es, dass Sie regelmäßig etwas tun. Also Bewegung zur Routine wird.

Mit dem Schrittzähler dranbleiben

Sie möchten mehr tun, kommen aber nicht so recht in Schwung, weil die Motivation fehlt? Dann probieren Sie es zum Einstieg mit einem Schrittzähler. Ob als Armband, App oder kleines Gerät für die Hosentasche – die Tracker tragen dazu bei, aktiver zu werden. Dabei sollte sich jeder sein eigenes Ziel setzen. Messen Sie erst einmal, wie viele Schritte Sie an einem normalen Alltag machen. Sind es weniger als 2700? Dann bewegen Sie sich im unteren Bereich. Eine Steigerung auf 4400 verringert langfristig das Sterberisiko. Noch mehr profitieren Sie, wenn Sie bis zu 7500 Schritte machen. Ob Sie entspannt durch die Gegend schlendern oder Ihr tägliches Schrittpensum mit Joggen erreichen, ist natürlich ein großer Unterschied. Das können Sie von Ihrem persönlichen Fitnesslevel abhängig machen. Hauptsache ist erst einmal, dass Sie überhaupt loslegen.

Langsam starten, dann steigern

Mehr Bewegung im Alltag sollte nur der Anfang sein. Beginnen Sie – anfangs vorsichtig – mit leichtem Ausdauertraining. Steigern Sie sich langsam. Aus einem Spaziergang kann erst Walken und später langsames Joggen werden. Zum Start sollten Sie nicht übertreiben, denn Muskeln, Bänder und Sehnen müssen sich erst an die Herausforderungen gewöhnen. Sie können auch abwechselnd gehen und laufen und dabei die Laufstrecken immer weiter verlängern. Wer die Gelenke schonen möchte, ist mit Radfahren gut beraten. Auch dabei können Sie mit kurzen Strecken loslegen. Wenn Sie gerne mit dem E-Bike unterwegs sind, stellen Sie die Elektrounterstützung immer mal wieder ab, um die Muskeln und die Ausdauer zu stärken.

Ausdauer, Muskelaufbau, Beweglichkeit

Ein optimales Sportpensum besteht nach Empfehlungen der Weltgesundheitsorganisation WHO aus 2,5 bis 5 Stunden Bewegung pro Woche, bei der man sich anstrengen muss, oder gut 20 Minuten pro Tag. Das lässt sich schnell erreichen, wenn man zum Beispiel mit dem Rad zur Arbeit fährt. Um einseitiges Training zu vermeiden, ist es aber wichtig, zusätzlich auch Muskelaufbautraining zu betreiben (an mindestens zwei Tagen im Fitnessstudio oder zu Hause mit Übungen wie Liegestütze, Planks, Kniebeugen) und sich beweglich zu halten. Dafür eignet sich Gymnastik mit Dehnübungen ebenso wie Yoga oder Pilates. Wer länger nichts gemacht hat, sollte sich vorher bei einer Ärztin oder einem Arzt beraten lassen, insbesondere wenn es Vorerkrankungen gibt. In der Regel bekommt man in der Arztpraxis auch Tipps, welche Sportart geeignet ist. Gerade Krafttraining hat eine große Bedeutung für die Gesundheit. Muskelaufbau wurde in der Forschung im Vergleich zu Ausdauersport lange stiefmütterlich behandelt. Doch mittlerweile wird immer klarer – wer genügend Kraft hat, profitiert in vielerlei Hinsicht davon:

Krafttraining mit Hanteln: perfekt für zu Hause.

Mit Muskeln altert man langsamer, hat weniger Rückenschmerzen, schützt die Gelenke, hält die Knochen stabil und senkt sein Risiko für die großen Volkskrankheiten wie Herz-Kreislauf-Erkrankungen, Diabetes Typ 2 und sogar Krebs. Auch aufs Gehirn hat Krafttraining positive Einflüsse, denn Muskeln enthalten Botenstoffe, die vorbeugend gegen Alzheimer-Demenz wirken.

Schlafen Sie gut

Wer ständig im Stress ist, kann oft auch schlecht schlafen. Das hat auf Dauer negative Folgen für die Gesundheit – auch für die Darmflora. Schafstörungen verschieben das Bakterienmuster im Darm und lassen das Mikrobiom verarmen. Zudem produziert der Körper bei zu langen Wachphasen weniger Leptin und mehr Ghrelin. Diese beiden Hormone wirken sich auf unsere Sättigung aus: Leptin signalisiert „satt", während wir mit Ghrelin im Blut Hunger verspüren. Es verwundert daher nicht, dass ständiger Schlafmangel nachweislich Übergewicht begünstigt.

Wenn es darum geht, bessere Nachtruhe zu finden, könnten unsere Darmbakterien gute Helfer sein. Erste Studien zeigen, dass bestimmte Bakterien, vor allem aber eine hohe Diversität im Darm, für einen tieferen Schlaf sorgen. Es wird vermutet, dass mikrobielle Botenstoffe dazu führen, dass man nach dem Einschlafen seltener aufwacht, länger schläft und beim Aufwachen besser ausgeruht ist. Neurotransmitter wie Gamma-Amino-Buttersäure, aber auch Serotonin, Glutamat oder kurzkett ge Fettsäuren könnten dafür verantwortlich sein.

Dem Mikrobiom zuliebe: Stress lass nach

Chronischer Stress kann dick machen und die Vielfalt der Darmflora stören. Denn das Mikrobiom reagiert höchst sensibel auf psychische Belastungen. Lernen Sie deshalb, rechtzeitig herunterzukommen.

Fühle ich mich unangenehm gestresst oder überwiegt die Freude? Wie stark bedrohliche Szenarien von außen die Darmflora verändern, zeigte eine Untersuchung der Universität Amsterdam. Dort gaben Studierende ein paar Tage vor und nach Weihnachten Stuhlproben ab. Ein Teil der Probanden verbrachte die Feiertage bei der eigenen Familie, der andere Teil bei den Schwiegereltern. Tatsächlich spiegelte die Zusammensetzung des Stuhls das seelische Befinden wider. Diejenigen, die bei der eigenen Sippe feiern durften, hatte eine bessere, vielfältigere Darmflora als die, die zu den Eltern der Partner mussten. Vor allem Bakterien der gesunden Gattung Ruminococcus waren im Darm der Heimkehrer reichhaltig vertreten. Die Studie hatte zwar Schwächen – es wurde zum Beispiel nicht berücksichtigt, wie beide Gruppen sich in der Zeit ernährten –, belegt aber trotzdem, was vorher bereits Versuche mit Mäusen zeigten: Chronischer Stress senkt die Anzahl der willkommenen Bakterienarten.

Für innere Balance sorgen

Ärger und Hektik schlagen sprichwörtlich auf den Magen. Wer unter Dauerstrom steht, leidet häufig kurzfristig unter angstbedingten Durchfällen und langfristig unter Verstopfung, Blähungen und Übelkeit. Im Kampf- oder Fluchtmodus werden normale Verdauungsprozesse gestört. Chronische Darmerkrankungen und Entzündungen verstärken sich. Gute Darmbakterien treten den Rückzug an.

Hinzu kommt, dass Stress oft dick macht. Bei vielen Menschen löst negativer Druck Heißhunger aus, der dann mit besonders süßen und fettigen Nahrungsmitteln im Übermaß gestillt wird. Das Stresshormon Cortisol regt den Appetit an, lässt den Blutzuckerspiegel steigen und dämpft die Sättigung. Eine strenge Diät macht alles noch schlimmer, denn Verbote und Hunger stressen zusätzlich. Deshalb ist es besser, sich gesund satt zu essen und für innere Balance zu sorgen.

Regelmäßig Pausen einlegen

Welche Belastungen wir als Stress empfinden, ist von Mensch zu Mensch unterschiedlich. Was die einen überfordert, macht andere glücklich. Manche geraten schnell in Hektik, andere bleiben auch unter Druck gelassen. Gleichgültig, wo die Grenze zur Überforderung verläuft, Pausen sind immer dann sinnvoll, wenn man unguten Stress spürt. Lassen Sie Mahlzeiten nicht ausfallen, um Zeit zu gewinnen, sondern betrachten Sie sie als Erholungszeit. Um gelassen durch den (Arbeits-)Tag zu kommen, sind alle 90 Minuten kleine Entspannungseinheiten sinnvoll – zum Beispiel mit Atem- und Achtsamkeitsübungen oder kurzen Meditationen. Es reicht auch schon, einfach die Augen zu schließen und nichts zu tun. Auch Yoga, Pilates, Auszeiten in der Natur, Gartenarbeit oder Musikhören sind prima Tätigkeiten, um herunterzukommen. Onlinekurse für eine bessere Work-Life-Balance helfen ebenfalls.

Das mag der Darm

Ob Wärme, Ruhe, Berührungen oder feste Rhythmen – der Darm lässt sich nicht nur mit angemessener Ernährung hegen und pflegen. Lesen Sie hier, wie Sie Ihr Superorgan sonst noch unterstützen können.

PAUSEN FÜR DEN DARM

Wer regelmäßig zu seinem Darm „Mach mal Pause" sagt, tut dem Organ einen großen Gefallen. Denn der Darm nutzt Esspausen zum Putzen und Reparieren. Je ungestörter er dabei arbeiten kann, desto besser für gute Bakterien. Esspausen von vier bis sechs Stunden zwischen den Hauptmahlzeiten sind hilfreich. In dieser Zeit vermehren sich Bakterien, die die gesunden kurzkettigen Fettsäuren liefern. Zudem sorgen bestimmte Darmbewohner dann dafür, dass weißes Fettgewebe in braunes umgewandelt wird, was sehr viel mehr Kalorien verbrennt. Wichtig ist, dass Sie zwischen den Mahlzeiten auch keine Snacks, keine süßen Getränke und keinen Alkohol zu sich nehmen. Angenehmer Nebeneffekt: Die längeren Esspausen helfen nicht nur beim Abnehmen, sondern heben auch die Stimmung.

Tee trinken für die Darmflora

Wohltuend und entkrampfend bei Blähungen und Druck wirken warme Tees – zum Beispiel Fenchel, Kümmel und Anis bei Bauchkrämpfen und Pfefferminze bei Übelkeit. Kamille beruhigt die Magenschleimhaut und hemmt Entzündungen. Gegen Durchfall hat sich ein Mix aus Salbei, Kamille, Pfefferminze und Thymian bewährt. Außerdem gilt Teetrinken als Schlankmacher, denn Tees können die Darmflora verbessern. Besonders hilfreich sind Grün- und Schwarztee, die gesunde Polyphenole liefern.

Massage für den Bauch

Wer häufig unter Verstopfung oder einem Blähbauch leidet, kann mit Darmmassagen Abhilfe schaffen. Dabei regen gezielte Berührungen am Bauch die Darmbewegungen an. Der beste Zeitpunkt ist etwa zwei Stunden nach einer Mahlzeit. Ziehen Sie sich an einen ruhigen warmen Ort zurück. Legen Sie sich entspannt auf den Rücken und streichen Sie mit flachen Händen sechsmal erst quer und anschließend sechsmal längs über die Bauchdecke. Danach machen Sie mit kreisenden Bewegungen und leichtem Druck im Uhrzeigersinn etwa fünf Minuten lang weiter.

Gut kauen hilft dem Darm

Leider sind wir es gewohnt, die meisten Dinge möglichst schnell zu erledigen. Beim Essen ist das aber ein großer Fehler. Hier gilt dem Darm zuliebe das Gegenteil: Essen Sie langsam und kauen Sie gründlich, das erleichtert den Verdauungsorganen die Arbeit. Je gründlicher die Nahrung durchgekaut wird, desto besser kann der Darm Nährstoffe aufnehmen – und desto weniger Beschwerden verursacht er. Ein weiteres Plus: Wer langsam isst, nimmt bis zum Erreichen der Sättigungsgrenze nach etwa 20 Minuten weniger Kalorien auf und verliert leichter überschüssige Pfunde. Zur Orientierung: Versuchen Sie, jeden Bissen möglichst 30-mal zu kauen.

Wärmflasche tut gut

Die gute alte Wärmflasche ist ein prima Hausmittel. Wer kennt das nicht? Im Bauch grummelt's, doch sobald Wärme draufkommt, lassen die Blähungen nach. Das liegt daran, dass sich bei der Verdauung Gase bilden, die den Darm schmerzhaft dehnen wie einen Luftballon. Kommt Wärme von außen, öffnen sich die Blutgefäße in der Darmwand, das Gewebe wird besser durchblutet und das Blut kann mehr Gase aufnehmen. Der Druck lässt nach. Die Betroffenen fühlen sich sofort besser. Das funktioniert übrigens auch mit einem warmen Kirschkernkissen.

Entkrampfen und entspannen in der Wanne

Leicht im warmen Wasser liegen, verkrampfte Muskeln lockern und den Bauch entspannen – ein Bad in der Wanne ist auch für den Darm erholsam. Ergänzend wirken Badezusätze zum Beispiel aus Lavendel. Dafür etwa eine Handvoll Lavendel in zwei Liter Wasser kochen, gut 15 Minuten ziehen lassen und als Essenz ins Badewasser geben. Das Bad etwa 15 Minuten genießen.

Lust auf gesundes Abnehmen statt Diätfrust

Um Ihre Ernährung umzustellen und erfolgreich abzunehmen, sollten Sie in kleinen Schritten vorgehen und sich realistische Ziele setzen. Ein Tagebuch, in dem Sie aufschreiben, was und warum Sie essen, ist dabei hilfreich.

Essen ist eine emotionale Angelegenheit. Daher gilt es, sich klarzumachen, was hinter einem dick machenden Ernährungsmuster steckt. Das geht gut mit einem Ernährungstagebuch. Zugleich sollte man sich realistische Ziele setzen. Niemand nimmt nachhaltig in zwei Wochen viele Pfunde ab. Zum Start kann eine Fastenkur die Darmflora erneuern. Man sollte sich auch nur wenige Speisen verbieten, damit die Diät durchgehalten werden kann. Genuss ist das oberste Gebot beim Abnehmen! Empfehlenswert sind zudem Wochenpläne, um ungesunde Spontaneinkäufe zu umgehen. Bei sehr eingefahrenen Ernährungsmustern kann eine Verhaltenstherapie helfen.

Die Kindheit prägt das Ernährungsmuster

Wie wir essen, hat sehr viel mit unserer Kindheit zu tun – im positiven wie im negativen Sinn. Mussten wir immer aufessen? Gab es zur Belohnung Süßigkeiten? Galt Leitungswasser als selbstverständliches Getränk oder stand immer Limonade auf dem Tisch? Gab es regelmäßige Mahlzeiten oder herrschte eher Laisser-faire? Diese Prägungen sollte man sich bewusst machen. Wenn man nicht weiß, warum man in bestimmten Situationen beim Essen immer automatisch die ungünstigere Variante wählt, ist Abnehmen kaum möglich. Das Dilemma ist auch nicht wirklich gut mit Disziplin zu lösen. Studien zeigen: Nur einer von zehn Abnehmwilligen schafft es, dauerhaft schlank bleiben.

Hilfreich: ein Ernährungsprotokoll

Übergewichtige Personen tendieren sehr häufig zu „emotionalem Essen". Das heißt, sie setzen Essen regelmäßig zur Gefühlsregulation ein. Sie essen zwischendurch einfach aus Langeweile oder gegen Stress und haben das Gefühl „eigentlich kaum etwas" verdrückt zu haben, obwohl die Liste mit Keksen und Süßigkeiten lang ist. Manchen fällt es kaum auf, wenn es tagelang kein Gemüse gibt, weil das Essen fast unbewusst nebenbei stattfindet. All das können Sie vermeiden, indem Sie Ihr persönliches Ernährungsprotokoll führen. Das heißt, dass Sie wirklich alles (auch Kleinigkeiten!) notieren. Ob auf dem Smartphone (zum Beispiel mit der Ernährungs-App MyFoodDoctor), einem Heft oder einem Buch mit entsprechenden Vorlagen (gibt es von den Ernährungs-Docs) – Sie können alles nutzen. Durch die Aufzeichnungen machen Sie sich Ihre guten und schlechten Gewohnheiten bewusst. Sie können dann schnell herausfinden, nach welchen Mustern Sie essen, und realistische Pläne entwickeln, um typische Fallen zu meiden. So fangen Sie automatisch an, sich bewusster und achtsamer zu ernähren.

Kleine Schritte führen zum Erfolg

Idealerweise setzen Sie sich Etappenziele. Nehmen Sie sich zum Beispiel vor, in der ersten Woche nur noch Wasser statt Saft zu trinken und jeden Tag eine Mahlzeit mit selbst gekochtem Gemüse auf den Tisch zu bringen. Oder ein paar Tage lang auf

Zucker zu verzichten. Erst einmal nur zur Probe, danach vielleicht von Montag bis Freitag. Überlegen Sie sich sehr genau, was Sie schaffen, bevor Sie es als Etappenziel notieren. Als Faustregel gilt das 20:80-Prinzip. Das heißt, nur höchstens 20 Prozent der wichtigsten falschen Ernährungsgewohnheiten sollten optimiert werden. So tricksen Sie Ihren Körper aus. Denn wenn man sich zu viel verbietet, reagiert der Körper mit Stress und hält noch mehr an seinen Pfunden fest. Generell sollte man langsam abnehmen, damit es nachhaltig bleibt. Ideal ist etwa ein Gewichtsverlust von fünf bis zehn Prozent des Ausgangsgewichts innerhalb der nächsten sechs bis zwölf Monate. Das Ziel sollten Sie auf jeden Fall konkret formulieren. Als Einstieg kann eine Fastenkur helfen, etwa das Heilfasten, da dadurch rasch die Darmschleimhaut erneuert und das Mikrobiom schneller auf schlank programmiert wird.

Schlankes Einkaufen

Auf keinen Fall sollten Sie hungrig einkaufen gehen, denn das ist kontraproduktiv. Ein Einkaufszettel schützt Sie vor Spontankäufen, die meist nicht in die Kategorie gesunde Lebensmittel fallen. Hilfreich können ein Wochenplan und ein entsprechender Einkaufszettel sein. Legen Sie für jeden Tag fest, was Sie essen werden. Zwei Tage sollten Sie sich für Resteessen aufheben. So werden Sie nicht dazu verleitet, immer alles aufzuessen. Dieser Plan ist jedoch nur als Richtlinie zu verstehen. Er sollte kein Korsett darstellen. Innerhalb des Plans kann man natürlich seinen Appetit entscheiden lassen, also das Dienstagsmenü auf den Freitag verschieben.

Genießen lernen

Das A und O bei einer Ernährungsumstellung ist, dass man die Freude am Essen nicht verlieren sollte. Darum gibt es in diesem Buch im Rezeptteil viele Möglichkeiten, wie Sie sich und Ihren Darm bei Laune halten können. Wählen Sie Gerichte immer danach aus, ob Sie Ihnen schmecken. Denn wer unbefriedigt vom Tisch aufsteht, wird Snacks zwischendurch kaum widerstehen können. Und gerade die Esspausen zwischen den Mahlzeiten sind wichtig, um das Abnehmen zu erleichtern. Zum Genießen gehört auch, dass man selbst kocht und sich Zeit nimmt zum Essen. Tatsächlich belegen Studien, dass Genießer eher schlanker und optimistischer sind als Menschen, die Essen unachtsam vor dem Fernseher in sich hineinschlingen. Zudem belegen Studien, dass gemeinsame Mahlzeiten nicht nur gesellig und darum wohltuend sind, sie sind auch gut für die schlanke Linie. Bei einem gemeinsamen Essen wird einerseits Gesünderes aufgetischt, zudem isst man in Gesellschaft langsamer und ist schneller satt. Wer öfter allein isst, hat darum ein höheres Risiko für Übergewicht und andere Volksleiden.

DIE ERNÄHRUNGS-DOCS

Haben Sie Geduld mit sich und grämen Sie sich auch bei Rückschlägen nicht zu sehr. Manchmal sind Ernährungsgewohnheiten emotional sehr eingefahren. Dann gilt es, einen Schritt weiterzugehen und zu versuchen, auf Gefühle nicht mehr mit Essen zu reagieren, sondern sich bei Stress andere Seelenschmeichler zu suchen – Verabredungen mit Freunden, Spaziergänge oder auch Singen mindern Stress und Ärger. Wenn auch das nicht hilft, lohnt es sich, professionelle Unterstützung bei einer Ernährungsberatung oder einem Verhaltenstherapeuten zu suchen. Hier können psychische Blockaden identifiziert werden. Zudem lernt man, wie gesundes Verhalten im Alltag klappen kann.

Darmgesunde Rezepte für eine schlanke Linie

Eine darmfreundliche Kost sollte vor allem gut schmecken. Deshalb haben wir für Sie auf den folgenden Seiten lauter leckere Ideen für Frühstück, Mittag- und Abendessen zuammengestellt, die bestes „Futter“ für Ihr Mikrobiom sind. Kochen Sie möglichst oft selbst und greifen Sie vor allem bei Gemüse, Obst, Vollkorn, Hülsenfrüchten, Nüssen und Sauermilchprodukten beherzt zu. Diese strotzen nur so vor bakterienfreundlichen Ballaststoffen und Probiotika und verwöhnen unsere Abnehmhelfer im Darm mit allem, was diese gern mögen. Das kommt Ihrer Gesundheit, Ihrem Wohlbefinden und Ihrer schlanken Linie zugute. Wir wünschen Ihnen einen darmgesunden Appetit!

Frühstück

Guten Morgen! Freuen Sie sich auf die erste Mahlzeit des Tages und suchen Sie sich Ihr Lieblingsfrühstück aus. Ob Knuspermüsli, fruchtiges Porridge, Smoothie, selbst gebackenes Brot oder herzhaftes Rührei – unsere Rezepte mit viel frischem Obst, Gemüse, Haferflocken, Joghurt und Co. halten lange satt und haben jede Menge „innere Werte", die Sie und Ihren Darm schon morgens in Schwung bringen.

Bananen-Quarkcreme mit Beeren

Für 2 Personen
Zubereitung: 20 Minuten

1 grüne, etwas unreife Banane
2 EL Zitronensaft
250 g Magerquark
100 g Naturjoghurt (3,5 % Fett)
1 EL geschroteter Goldleinsamen
20 g Walnusskerne
10 g Sonnenblumenkerne
10 g Kürbiskerne
1 TL flüssiger Honig
200 g gemischte Beeren (z. B. Blaubeeren, Himbeeren, Brombeeren)

Nährwerte pro Portion: ca. 370 kcal, 26 g EW, 15 g F, 27 g KH, 5 g BST

+ Die Banane schälen und in grobe Stücke schneiden. In einem tiefen Teller mit dem Zitronensaft beträufeln und mit einer Gabel fein zerdrücken. Dann mit Quark, Joghurt und Leinsamen verrühren und etwa 10 Minuten ruhen lassen.

+ Inzwischen die Walnüsse grob hacken und mit den Sonnenblumen- und Kürbiskernen mischen. Den Mix in einer Pfanne ohne Fett bei mittlerer Hitze anrösten. Den Honig dazugeben und gut untermischen, sodass der Nussmix gleichmäßig mit Honig überzogen ist. Den Nussmix vom Herd nehmen und auf einem Teller abkühlen lassen.

+ Die Beeren verlesen, kurz waschen und abtropfen lassen. Die Bananen-Quarkcreme in zwei Schalen anrichten, die Beeren darauf verteilen und mit den Nüssen bestreuen.

TIPP:
Die Quarkcreme schmeckt auch lecker mit Kokosjoghurt auf Kokosmilchbasis statt mit Joghurt aus Kuhmilch.

DIE ERNÄHRUNGS-DOCS

Essen Sie ruhig öfter leicht grüne Bananen. Sie sind im Unterschied zu den reifen Früchten reich an resistenter Stärke, die beim Abnehmen hilft und für eine gesunde Verdauung sorgt. Sie passiert den Dünndarm unverdaut und wird im Dickdarm von Bakterien abgebaut. Dabei entstehen kurzkettige Fettsäuren wie Butyrat – ein wichtiger Energielieferant für die Zellen der Dickdarmschleimhaut.

Erdbeer-Minze-Kaltschale

Für 2 Personen
Zubereitung: 20 Minuten

300 g Erdbeeren
2 Stiele Minze
1 EL Zitronensaft
¼ TL gemahlene Vanille
½ l Buttermilch (max. 1 % Fett)
60 g zarte Haferflocken
20 g Mandelkerne
2 TL Mohnsamen

Nährwerte pro Portion: ca. 340 kcal, 17 g EW, 11 g F, 37 g KH, 8 g BST

+ Die Erdbeeren verlesen, in einem Sieb kurz abbrausen, abtropfen lassen und putzen. 50 g schöne Beeren zum Garnieren beiseitelegen. Die restlichen Früchte je nach Größe halbieren oder vierteln. Die Minze waschen, trocken schütteln und die Blätter von den Stielen zupfen.

+ Erdbeeren, Minze – bis auf ein paar Blätter zum Garnieren –, Zitronensaft, Vanille und Buttermilch in einen hohen Rührbecher geben und mit dem Stabmixer fein pürieren oder im Küchenmixer fein zerkleinern. Die Haferflocken unter das Erdbeerpüree rühren und 5 Minuten quellen lassen.

+ Die Mandeln hacken und in einer Pfanne ohne Fett bei mittlerer Hitze rösten. Vom Herd nehmen und abkühlen lassen. Die beiseitegelegten Erdbeeren in Scheiben schneiden. Die Kaltschale auf zwei Schalen oder tiefe Teller verteilen. Die Erdbeerscheiben darauf anrichten, mit Mandeln und Mohn bestreuen und mit der übrigen Minze garnieren.

TIPP:
Wer es morgens sehr eilig hat, kann die Kaltschale auch am Vorabend mixen, mit den Haferflocken verrühren und über Nacht zugedeckt im Kühlschrank quellen lassen.

DIE ERNÄHRUNGS-DOCS
Süßen Sie Ihre Frühstückskaltschale, Ihr Müsli oder Ihren Porridge nicht mit Zucker. Er verdrängt gute Darmbakterien und fördert das Wachstum von schädlichen Hefepilzen. Setzen Sie lieber auf die natürliche Süße von Beeren – wie hier Erdbeeren. Sie liefern wenig Fruchtzucker, dafür viele Ballaststoffe und antientzündliche sekundäre Pflanzenstoffe, die unseren Darm schützen.

Granola mit Limetten-Hüttenkäse

Für 2 Personen
Zubereitung: 25 Minuten

10 g Haselnusskerne
10 g Pekannusskerne (ersatzweise Walnusskerne)
50 g kernige Haferflocken
1 EL geschroteter Leinsamen
1 TL Rapsöl
1 TL Ahornsirup
1 große Nektarine (ca. 150 g)
1 Kiwi
100 g Himbeeren
10 g getrocknete Soft-Cranberrys
1 Bio-Limette
400 g körniger Frischkäse (Halbfettstufe)

Nährwerte pro Portion: ca. 540 kcal, 33 g EW, 22 g F, 45 g KH, 10 g BST

+ Die Hasel- und Pekannüsse grob hacken, mit den Haferflocken und dem Leinsamen mischen. In einer Pfanne das Öl erhitzen und den Nuss-Flocken-Mix darin bei mittlerer Hitze 3 bis 4 Minuten unter Rühren anrösten. Den Ahornsirup dazugeben und gründlich untermischen. Das Granola auf einen Teller geben und abkühlen lassen.

+ Die Nektarine waschen, halbieren, entsteinen und das Fruchtfleisch in kleine Würfel schneiden. Die Kiwi schälen, längs halbieren und die Hälften in Scheiben schneiden. Die Himbeeren verlesen, in einem Sieb kurz abbrausen und abtropfen lassen. Die Cranberrys nach Belieben hacken und vorsichtig mit den frischen Früchten mischen.

+ Die Limette heiß waschen, trocken reiben, 1 TL Schale fein abreiben und 2 EL Limettensaft auspressen. Den Hüttenkäse mit Limettenschale und -saft verrühren und auf zwei Schalen verteilen. Den Obstsalat darauf anrichten und mit dem Granola bestreuen.

TIPP:
Für eine herbstliche Obstsalat-Variante kann man die Kiwi mit Mandarine und Apfel statt mit Nektarine und Himbeeren kombinieren.

DIE ERNÄHRUNGS-DOCS
Halbfetter körniger Frischkäse punktet mit wenig Kalorien und Fett und kommt auf etwa 100 Milligramm Kalzium pro 100 Gramm. Sein Eiweiß liefert außerdem jede Menge lebensnotwendige Aminosäuren wie Isoleucin, Leucin und Valin. Diese sorgen für eine intakte Darmschleimhaut, stimulieren die gesunden Bakterien des Mikrobioms – und beugen so chronischen Darmerkrankungen vor.

Apfel-Overnight-Buchweizenmüsli

Für 2 Personen
Zubereitung: 20 Minuten
Quellen: 8 Stunden (über Nacht)

- 10 g getrocknete Sauerkirschen
- 100 g Buchweizengrütze
- 2 EL geschroteter Leinsamen
- 250 ml ungesüßter Mandeldrink
- ¼ TL gemahlene Vanille
- 20 g Haselnusskerne
- 1 säuerlicher Apfel (z. B. Boskop)
- 2 EL Zitronensaft
- 1 Msp. Zimtpulver
- 1 TL Ahornsirup
- 100 g Sojaghurt natur
- 125 g Brombeeren

Nährwerte pro Portion: ca. 420 kcal, 13 g EW, 13 g F, 59 g KH, 10 g BST

+ Am Vorabend die Sauerkirschen grob hacken. Mit Buchweizengrütze, Leinsamen und Mandeldrink in einer Schüssel gründlich verrühren, dann die Vanille unterrühren. Die Buchweizenmischung im Kühlschrank zugedeckt etwa 8 Stunden, am besten über Nacht, quellen lassen.

+ Am nächsten Morgen die Haselnüsse hacken und in einer Pfanne ohne Fett anrösten. Vom Herd nehmen und abkühlen lassen.

+ Den Apfel waschen und mit Schale auf der Gemüsereibe bis auf das Kerngehäuse fein raspeln. Mit dem Zitronensaft, der Hälfte der Nüsse, Zimt und Ahornsirup mischen und unter die Buchweizenmischung rühren. Das Müsli auf zwei Schalen verteilen und den Joghurt daraufgeben.

+ Die Brombeeren verlesen, in einem Sieb kurz abbrausen und abtropfen lassen. Die Brombeeren auf dem Müsli verteilen und die restlichen Nüsse darüberstreuen.

TIPP:
Anstelle von Mandeldrink können Sie für das Müsli auch ungesüßten Haselnuss- oder Cashewdrink verwenden.

DIE ERNÄHRUNGS-DOCS
Buchweizen ist glutenfrei und daher perfekt für alle, die von einer Glutenunverträglichkeit oder -sensitivität betroffen sind. Sie müssen auf das sogenannte Klebereiweiß in Weizen, Dinkel, Gerste und Roggen verzichten, um schwere Verdauungsprobleme zu vermeiden. Ein weiteres Plus von Buchweizen: Er liefert rund zehn Prozent hochwertiges Protein sowie alle acht essenziellen Aminosäuren und kann damit einen wertvollen Beitrag zur Deckung des Eiweißbedarfs leisten.

Ingwer-Dattel-Porridge mit Orange

Für 2 Personen
Zubereitung: 30 Minuten

1 Dattel (z. B. Medjool; ca. 20 g)
½ l ungesüßter Mandel- oder Cashewdrink
1 Bio-Orange
10 g Ingwer
½ TL gemahlene Kurkuma
Salz, Pfeffer aus der Mühle
80 g zarte Haferflocken
20 g Walnusskerne
1 EL Granatapfelkerne (aus dem Kühlregal)

Nährwerte pro Portion: ca. 330 kcal, 9 g EW, 13 g F, 37 g KH, 7 g BST

+ Die Dattel längs halbieren, entsteinen und klein schneiden. In einem hohen Rührbecher mit 50 ml Mandel- oder Cashewdrink mit dem Stabmixer fein pürieren.

+ Orange heiß waschen, trocken reiben und ½ TL Schale fein abreiben. Den Ingwer schälen und fein reiben, mit der Orangenschale, Kurkuma, jeweils 1 Prise Salz und Pfeffer sowie 1 EL Wasser verrühren.

+ Den restlichen Pflanzendrink in einem Topf aufkochen. Die Haferflocken unterrühren und bei schwacher bis mittlerer Hitze etwa 10 Minuten zugedeckt quellen lassen. Den Dattel-Drink und die Kurkuma-Orangen-Mischung unterrühren und alles zugedeckt weitere 5 Minuten quellen lassen.

+ Inzwischen die Walnüsse hacken und in einer Pfanne ohne Fett bei mittlerer Hitze rösten. Vom Herd nehmen und abkühlen lassen.

+ Die Orange mit einem scharfen Messer so gründlich schälen, dass auch die weiße Haut mit entfernt wird. Über einer Schüssel die Fruchtfilets zwischen den Trennhäuten herausschneiden. Übrige Trennhäute kräftig ausdrücken, den Saft auffangen und unter den Porridge rühren.

+ Den Ingwer-Dattel-Porridge auf zwei Schalen verteilen und die Orangenfilets darauf anrichten. Mit den Walnüssen und Granatapfelkernen bestreuen.

TIPP:
Gerade keine ausgelösten Granatapfelkerne im Angebot? Dann greifen Sie alternativ zu tiefgefrorenen Kernen und lassen Sie sie vor dem Servieren kurz in einer Schale bei Zimmertemperatur auftauen.

Papaya-Kokos-Porridge

Für 2 Personen
Zubereitung: 25 Minuten

300 g Papaya
½ Bio-Limette
300 ml Milch (1,5 % Fett)
200 ml ungesüßter Kokosdrink
1 EL Chiasamen
40 g zarte Haferflocken
20 g Amarantflocken
15 g Kokosraspel
2 TL Kakao-Nibs

Nährwerte pro Portion: ca. 350 kcal, 14 g EW, 29 g F, 35 g KH, 9 g BST

+ Die Papaya entkernen, schälen und in etwa 1 cm große Würfel schneiden. Die Limette heiß waschen, trocken reiben, 1 TL Schale fein abreiben und 1 EL Limettensaft auspressen. Die Hälfte der Papayawürfel mit Limettenschale und -saft in einem hohen Rührbecher mit dem Stabmixer glatt pürieren. Die restlichen Papayawürfel beiseitestellen.

+ Die Milch und den Kokosdrink mit den Chiasamen in einem Topf verrühren. Hafer- und Amarantflocken dazugeben und unter Rühren langsam aufkochen. Dann alles zugedeckt bei schwacher Hitze etwa 10 Minuten unter gelegentlichem Rühren quellen lassen.

+ Inzwischen die Kokosraspel in einer Pfanne ohne Fett hellbraun rösten. Vom Herd nehmen und abkühlen lassen.

+ Den Porridge vom Herd nehmen, auf zwei Schalen verteilen und jeweils die Hälfte des Papayapürees nur grob unterrühren. Den Kokos-Porridge mit den restlichen Papayawürfeln, den Kokosraspeln und den Kakao-Nibs bestreuen.

TIPP:
Für eine vegane Porridge-Variante können Sie die Milch durch ungesüßten Cashew- oder Kokosdrink ersetzen.

DIE ERNÄHRUNGS-DOCS
Perfekt nach einer Antibiotikakur: Papayas helfen, ein gesundes Gleichgewicht der Darmbakterien wiederherzustellen, was wiederum das Immunsystem kräftigt. Das nährstoffgeladene orangefarbene Fruchtfleisch enthält Ballaststoffe und Papain, ein eiweißspaltendes Enzym, das die Verdauung fördert und sich im Darm gegen Viren, Allergene, Hefen und Pilze starkmacht.

Probiotische Drinks

Lassen Sie sich öfter Mixgetränke mit Kefir, Buttermilch oder Kombucha schmecken. Darin stecken Bakterien, die sich positiv auf die Darmgesundheit auswirken: Sie unterstützen die Verdauung, zerstören schädliche Mikroben und produzieren Vitamine.

BEEREN-BUTTERMILCH-SHAKE

Für 2 Gläser (à ca. 300 ml): **200 g tiefgekühlten Beerenmix** etwa 10 Minuten antauen lassen. Inzwischen **20 g Ingwer** schälen und fein reiben, mit den Beeren, **2 EL geschrotetem Leinsamen, 1 EL glutenfreier Haferkleie, 1 EL Zitronensaft** und **1 Msp. Zimtpulver** in den Küchenmixer geben. **½ l Buttermilch (max. 1 % Fett)** dazugießen und alles cremig pürieren. In Gläser füllen und sofort servieren.

Nährwerte pro Glas: ca. 200 kcal, 12 g EW, 6 g F, 20 g KH, 5 g BST

PAPAYA-KEFIR-SMOOTHIE

Für 2 Gläser (à ca. 300 ml): **250 g reife Papaya** entkernen, 1 EL Samen beiseitelegen. Papaya schälen und grob in Stücke schneiden. **1 grüne Banane** schälen und in Scheiben schneiden. Die Früchte mit den Papayakernen, **2 EL Limettensaft** und **¼ TL gemahlener Vanille** in den Küchenmixer geben. Zuletzt **100 ml ungesüßten Kokosdrink** und **250 ml Kefir (1,5 % Fett)** dazugießen und alles cremig pürieren. In Gläser füllen und sofort servieren.

Nährwerte pro Glas: ca. 180 kcal, 6 g EW, 5 g F, 23 g KH, 3 g BST

MÖHREN-LASSI

Für 2 Gläser (à ca. 250 ml): **20 g ungeschälten Sesam** in einer Pfanne ohne Fett bei mittlerer Hitze anrösten und abkühlen lassen. **150 g Möhren** putzen, schälen und in etwa 1 cm große Stücke schneiden. Möhren und Sesam mit **150 g griech. Sahnejoghurt (10 % Fett), ½ TL abgeriebener Bio-Limettenschale, 1 EL Limettensaft** und **1 Msp. Kardamompulver** in den Küchenmixer geben. **250 ml kaltes Mineralwasser** dazugießen und alles cremig pürieren. Sofort servieren.

Nährwerte pro Glas: ca. 180 kcal, 5 g EW, 13 g F, 9 g KH, 3 g BST

GRÜNER KOMBUCHA-SMOOTHIE

Für 2 Gläser (à ca. 350 ml): **50 g jungen Blattspinat** verlesen, waschen und trocken schleudern. **½ Orange** und **1 Kiwi** schälen und grob in Stücke schneiden. **1 kleine reife Avocado** halbieren und entkernen, das Fruchtfleisch mit einem Löffel aus der Schale heben. **1 Bio-Zitronenscheibe** vierteln, **6 Minzeblätter** waschen. Die vorbereiteten Zutaten in den Küchenmixer geben, **300 ml Kombucha natur** dazugießen und alles cremig pürieren. In Gläser füllen und sofort servieren.

Nährwerte pro Glas: ca. 170 kcal, 3 g EW, 8 g F, 18 g KH, 6 g BST

Quinoa-Mandelmilch-Bowl

Für 2 Personen
Zubereitung: 30 Minuten

75 g helle Quinoa
400 ml ungesüßter Mandeldrink
¼ TL gemahlene Vanille
50 g tiefgekühlte Wild-Heidelbeeren
½ TL abgeriebene Bio-Zitronenschale
1 EL Zitronensaft
15 g Mandelblättchen
1 Kiwi
60 g Himbeeren
200 g veganer Skyr natur

Nährwerte pro Portion: ca. 340 kcal, 14 g EW, 12 g F, 34 g KH, 10 g BST

+ Die Quinoa in einem Sieb mit heißem Wasser waschen und abtropfen lassen. In einem kleinen Topf mit dem Mandeldrink aufkochen, dann mit halb aufgelegtem Deckel bei schwacher Hitze 15 bis 20 Minuten garen. Vom Herd nehmen, die Vanille dazugeben und offen abkühlen lassen.

+ Inzwischen die Heidelbeeren mit 2 EL Wasser sowie Zitronenschale und -saft in einem zweiten kleinen Topf aufkochen und zugedeckt bei schwacher Hitze etwa 10 Minuten auftauen lassen. Vom Herd nehmen, in einem hohen Rührbecher mit dem Stabmixer fein pürieren und offen etwas abkühlen lassen.

+ Die Mandelblättchen in einer Pfanne ohne Fett bei mittlerer Hitze hellbraun rösten, herausnehmen und abkühlen lassen. Die Kiwi schälen und in Scheiben schneiden. Die Himbeeren verlesen, in einem Sieb kurz abbrausen und abtropfen lassen.

+ Den Skyr mit der Quinoamischung verrühren, das Heidelbeerpüree locker unterziehen und die Mischung auf zwei Schalen verteilen. Mit Kiwischeiben und Himbeeren garnieren und mit Mandelblättchen bestreuen.

DIE ERNÄHRUNGS-DOCS

Mit Quinoa landen komplexe Kohlenhydrate auf dem Teller, die keinen extremen Insulinschub wie Einfach- und Zweifachzucker auslösen und daher länger satt machen. Sie werden erst bei der Verdauung aufgespalten und gehen langsam ins Blut über. Zudem liefern die Körner rund sieben Prozent Ballaststoffe, die antioxidativ und immunstärkend wirken, wie eine neuseeländische Studie belegen konnte.

Kaiserschmarren mit Zwetschgen

Für 2 Personen
Zubereitung: 35 Minuten

200 g Zwetschgen (oder Pflaumen)
1 gelbfleischiger Pfirsich
2 EL Orangensaft
1 EL Zitronensaft
2 Eier (Größe M)
60 ml Milch (1,5 % Fett)
20 g Dinkelvollkornmehl
1 EL zarte Haferflocken
2 TL Chiasamen
½ TL abgeriebene Bio-Zitronenschale
¼ TL Zimtpulver
Salz
20 g Walnusskerne
2 getrocknete Soft-Aprikosen
1 ½ EL Butter

Nährwerte pro Portion: ca. 430 kcal, 15 g EW, 24 g F, 33 g KH, 9 g BST

+ Die Zwetschgen und den Pfirsich waschen, halbieren und entsteinen. Beides in dünne Spalten schneiden. Den Orangen- und Zitronensaft in einer kleinen Schüssel mit dem Obst mischen.

+ Die Eier trennen. Die Eigelbe mit Milch, Mehl, Haferflocken, Chiasamen, Zitronenschale und Zimt mit einem Schneebesen glatt verrühren. Die Eiweiße mit 1 Prise Salz steif schlagen. Die Walnüsse hacken. Die Aprikosen in kleine Würfel schneiden. Eischnee, Nüsse und Aprikosen vorsichtig unter die Eigelbmasse heben.

+ In einer Pfanne (etwa Ø 26 cm) 1 EL Butter erhitzen und den Teig einfüllen. Zugedeckt bei schwacher bis mittlerer Hitze etwa 10 Minuten stocken lassen. Den Schmarren auf den Pfannendeckel gleiten lassen, zurück in die Pfanne stürzen und mit zwei Gabeln grob zerzupfen. Die übrige Butter dazugeben und die Kaiserschmarrenstücke weitere 3 bis 4 Minuten goldbraun braten.

+ Den Kaiserschmarren mit dem Zwetschgen-Pfirsich-Salat anrichten und sofort servieren.

DIE ERNÄHRUNGS-DOCS

Zwetschgen enthalten große Mengen an Polyphenolen – wertvolle Schutzstoffe für den Darm. Dazu zählen zum Beispiel Anthocyane, die den Früchten ihre dunkelblaue Farbe verleihen. Sie gelangen fast unverändert in den Dickdarm und werden dort mithilfe der Darmbakterien für uns verwertbar gemacht. Wenn wir unser Mikrobiom regelmäßig mit Polyphenolen „füttern“, verändert es sich positiv: Die Abwehrkräfte werden gestärkt und Entzündungen eingedämmt.

Schoko-Pancakes mit Mangosauce

Für 2 Personen
Zubereitung: 45 Minuten

125 g Magerquark
Salz
3 EL Rapsöl
100 ml Milch (1,5 % Fett)
1 EL Kakaopulver (schwach entölt)
1 Ei (Größe M)
40 g Dinkelvollkornmehl
30 g zarte Haferflocken
½ TL Weinstein-Backpulver
2 TL Kakao-Nibs
½ Bio-Limette
1 kleine reife Mango (ca. 300 g)

Nährwerte pro Portion: ca. 500 kcal, 21 g EW, 25 g F, 43 g KH, 7 g BST

+ Den Quark, 1 Prise Salz, 2 EL Öl, Milch, Kakao und Ei in eine Schüssel geben und mit den Quirlen des Handrührgeräts verrühren. Das Mehl mit den Haferflocken, dem Backpulver und 1 TL Kakao-Nibs mischen und kurz unterrühren. Den Teig etwa 10 Minuten ruhen lassen.

+ Die Limette heiß waschen, trocken reiben, die Schale dünn abreiben und den Saft auspressen. Die Mango schälen, 2 dicke Scheiben Fruchtfleisch vom Stein schneiden und in etwa 2 cm große Würfel schneiden. Das restliche Fruchtfleisch abschneiden und in einem hohen Rührbecher mit Limettensaft und -schale mit dem Stabmixer pürieren. Die Mangowürfel unterheben.

+ Den Backofen auf 100 °C vorheizen. In einer großen Pfanne ½ EL Öl erhitzen. 5 bis 6 esslöffelgroße Teigportionen hineingeben und bei mittlerer Hitze 4 bis 5 Minuten goldbraun braten. Dann wenden und die zweite Seite 1 bis 2 Minuten ebenfalls goldbraun backen. Die Pancakes auf einen Teller geben und im Ofen warm halten. Auf dieselbe Weise den restlichen Teig zu weiteren 5 bis 6 Pancakes backen. Die Schoko-Pancakes mit der Mangosauce anrichten und mit den übrigen Kakao-Nibs bestreuen.

DIE ERNÄHRUNGS-DOCS

Schokogenuss ohne Reue? Kakao-Nibs, dunkler Kakao und Schokolade mit mindestens 70 Prozent Kakaoanteil sind – in Maßen genossen – gut für die Gesundheit. Sie schmecken auch den guten Darmbakterien, bieten aber schädlichen Keimen wie Clostridien keine Nahrung. Zum Booster für die Darmflora wird Schokolade dank seiner Catechine. Diese Bitterstoffe sind starke Antioxidantien, die die Entwicklung eines gesunden Mikrobioms unterstützen.

Champignon-Hüttenkäse-Rührei

Für 2 Personen
Zubereitung: 25 Minuten

200 g Champignons
3 Frühlingszwiebeln
4 Eier (Größe M)
4 EL Milch (1,5 % Fett)
Salz, Pfeffer aus der Mühle
¼ TL getrockneter Thymian
3 EL Olivenöl
50 g körniger Frischkäse (Halbfettstufe)
2 Scheiben Roggen-Sauerteigbrot (à 60 g, siehe Rezept Seite 66; oder Vollkornbrot)

Nährwerte pro Portion: ca. 540 kcal, 27 g EW, 29 g F, 39 g KH, 8 g BST

+ Die Pilze putzen und je nach Größe halbieren oder vierteln. Die Frühlingszwiebeln putzen und waschen, das Weiße und Hellgrüne getrennt in dünne Ringe schneiden. Die Eier mit der Milch in einer Schüssel verquirlen und mit Salz, Pfeffer und Thymian würzen.

+ In einer großen Pfanne 2 EL Öl erhitzen und die Pilze darin bei mittlerer Hitze unter Rühren etwa 5 Minuten braten. Nach der Hälfte der Zeit die weißen Frühlingszwiebelringe hinzufügen. Die Pilze mit Salz und Pfeffer würzen.

+ Die Eiermasse mit dem übrigen Öl in die Pfanne geben und bei mittlerer Hitze 3 bis 4 Minuten stocken lassen, dabei mit einem Pfannenwender langsam vom Rand bis zur Mitte schieben, bis alles gestockt ist. Den Hüttenkäse in Flöckchen auf dem Rührei verteilen, alles leicht durchrühren und noch etwa 1 Minute stocken lassen.

+ Das Rührei auf zwei Tellern anrichten und mit den grünen Frühlingszwiebelringen bestreuen. Das Brot separat dazu servieren.

DIE ERNÄHRUNGS-DOCS

Mit ihren vielen wertvollen Nährstoffen sind Eier kleine Kraftpakete, die auf dem Frühstückstisch nicht fehlen sollten. Das in ihnen enthaltene Cholin ist essenziell für viele Stoffwechselprozesse in unserem Körper und unterstützt die Leber bei der Entgiftung. Außerdem ist Cholin als Bestandteil eines speziellen Lecithins (Phophatidylcholin) ein zentraler Baustoff der Darmschleimhaut und daher wesentlich für eine gut funktionierende Darmbarriere.

Korianderomelett mit Gemüse

Für 2 Personen
Zubereitung: 30 Minuten

4 Eier (Größe M)
Salz, Pfeffer aus der Mühle
¼ TL Pul Biber (scharfe Paprikaflocken)
½ Bund Koriandergrün
1 kleine Dose Kichererbsen (60 g Abtropfgewicht)
1 kleine Zucchini (ca. 150 g)
1 gelbe Spitzpaprikaschote
100 g Cocktailtomaten
30 g Pecorino (am Stück; ersatzweise Parmesan)
2 EL Olivenöl

Nährwerte pro Portion: ca. 390 kcal, 24 g EW, 26 g F, 12 g KH, 4 g BST

+ Die Eier in einer Schüssel mit Salz, Pfeffer und Pul Biber verquirlen. Den Koriander waschen und trocken schütteln, die Blätter abzupfen, bis auf wenige zum Garnieren fein hacken und unter die Eiermasse rühren.

+ Die Kichererbsen in ein Sieb abgießen, kalt abbrausen und gut abtropfen lassen. Die Zucchini putzen, waschen und in etwa 1 cm große Würfel schneiden. Die Paprika längs halbieren, entkernen, waschen und quer in feine Streifen schneiden. Die Tomaten waschen und halbieren. Den Käse fein reiben.

+ In einer mittelgroßen Pfanne (etwa Ø 26 cm) 1 EL Öl erhitzen. Die Zucchini und die Paprika darin bei mittlerer Hitze etwa 3 Minuten unter Wenden anbraten. Die Kichererbsen und Tomaten hinzufügen und etwa 2 Minuten mitbraten. Mit Salz und Pfeffer würzen. Das Gemüse aus der Pfanne nehmen und zugedeckt warm halten.

+ Den Backofen auf 100 °C vorheizen. Die Pfanne auswischen und ½ EL Öl darin erhitzen. Die Hälfte der Eiermasse hineingeben und zugedeckt bei schwacher Hitze 5 bis 7 Minuten stocken lassen. Jeweils die Hälfte des Gemüses und des Käses auf eine Seite des Omeletts geben und die andere Seite darüberklappen. Das Omelett auf einem Teller im Ofen warm halten.

+ Das zweite Omelett mit dem übrigen Öl genauso backen und mit dem restlichen Gemüse und Käse füllen. Die Omeletts mit dem restlichen Koriander bestreut servieren.

Roggensauerteigbrot

Für 1 runden Laib (ca. 760 g; 12 Scheiben)
Zubereitung: 7 Tage (Sauerteigstarter) und 20 Minuten (Brot)
Gehen: 4 ½ Stunden (oder über Nacht)
Backen: 1 Stunde

Für den Sauerteigstarter:
120 g Roggenvollkornmehl

Für das Brot:
100 g Sauerteigstarter (ersatzweise 100 g flüssiger Roggen-Natursauerteig)
½ Würfel Hefe (21 g)
250 g Roggenvollkornmehl
250 g Roggenmehl (Type 1150)
feines Meersalz
Mehl zum Arbeiten und für Gärkorb oder Schüssel

Nährwerte pro Scheibe (ca. 60 g):
ca. 160 kcal, 5 g EW, 1 g F, 30 g KH, 5 g BST

+ Für den Sauerteigstarter 30 g Mehl in einem großen Schraubglas mit 3 EL lauwarmem Wasser verrühren. Das Glas locker verschließen und den Starter an einem warmen Ort (25 bis 35 °C) ohne direkte Sonneneinstrahlung 2 Tage ruhen lassen.

+ Am dritten Tag weitere 30 g Mehl und 3 EL lauwarmes Wasser unterrühren und den Starter erneut 2 Tage stehen lassen. Danach vom fünften bis siebten Tag den Starter täglich mit 20 g Mehl und 2 EL Wasser „füttern". Der Sauerteig sollte in den Stunden nach der Mehlzugabe von allein aufgehen. Nach 7 Tagen ist der Sauerteigstarter fertig.

+ Für das Brot vom Starter 100 g abnehmen (den Rest im Schraubglas im Kühlschrank für das nächste Brot aufbewahren) und mit der Hefe in 300 ml lauwarmes Wasser einrühren. Beide Roggenmehle und 10 g Salz gut untermischen, der Teig muss nicht geknetet werden. Den Teig zugedeckt an einem warmen Ort 4 Stunden oder über Nacht im Kühlschrank gehen lassen. Dann auf der gut bemehlten Arbeitsfläche zu einem runden Laib formen. In einen bemehlten Gärkorb oder in eine Schüssel geben und zugedeckt etwa 30 Minuten ruhen lassen.

+ Den Backofen auf 230 °C vorheizen. Das Brot aus dem Gärkorb oder aus der Schüssel in einen ofenfesten Topf stürzen und zugedeckt auf der zweiten Schiene von unten etwa 15 Minuten backen. Danach die Ofentemperatur auf 190 °C reduzieren. Den Deckel abnehmen und das Brot 45 Minuten fertig backen. Klingt es hohl, wenn man auf die Unterseite des Brots klopft, ist es fertig. Ansonsten das Brot noch etwa weitere 10 Minuten backen. Aus dem Ofen nehmen und auf einem Kuchengitter vollständig auskühlen lassen.

Kartoffel-Joghurt-Brötchen

Für 12 Stück
Zubereitung: 50 Minuten
Gehen: 1 Stunde
Backen: 25–30 Minuten

200 g mehligkochende Kartoffeln
Salz
50 g Kürbiskerne
½ Würfel frische Hefe (21 g)
1 TL Ahornsirup
300 g Dinkelvollkornmehl
100 g Dinkelmehl (Type 630)
100 g Naturjoghurt (3,5 % Fett)
2 EL zarte Haferflocken
Mehl zum Arbeiten

Nährwerte pro Stück (ca. 75 g): ca. 180 kcal, 7 g EW, 4 g F, 27 g KH, 3 g BST

+ Die Kartoffeln waschen und ungeschält in Salzwasser 25 bis 30 Minuten garen. Abgießen, ausdampfen lassen, pellen, durch die Kartoffelpresse drücken und lauwarm abkühlen lassen.

+ Die Kürbiskerne grob hacken. Die Hefe zerkrümeln, mit 150 ml lauwarmem Wasser und dem Sirup in einer großen Schüssel verrühren. Kartoffelschnee, beide Dinkelmehlsorten, Joghurt, 2 TL Salz sowie die Hälfte der Kürbiskerne dazugeben. Die Zutaten mit den Knethaken des Handrührgeräts etwa 5 Minuten zu einem glatten Teig verkneten. Zugedeckt an einem warmen Ort 45 Minuten gehen lassen.

+ Den Teig nochmals durchkneten. Mit einem Esslöffel in 10 Teiglinge teilen. Diese leicht mit Mehl bestäuben, zu Brötchen formen und auf ein mit Backpapier belegtes Backblech setzen. Die übrigen Kürbiskerne mit den Haferflocken mischen, auf die Teiglinge streuen und leicht andrücken. Die Teiglinge zugedeckt 15 Minuten ruhen lassen.

+ Den Backofen auf 200 °C vorheizen. Die Brötchen im Ofen auf der mittleren Schiene 25 bis 30 Minuten goldbraun backen. Herausnehmen und auf einem Kuchengitter abkühlen lassen. Die Brötchen schmecken mit herzhaftem oder fruchtigem Belag oder Aufstrich (siehe Seite 70).

DIE ERNÄHRUNGS-DOCS

Dinkelvollkornmehl enthält reichlich unlösliche Ballaststoffe. Die pflanzlichen Fasern binden im Magen-Darm-Trakt Cholesterin, Mikroorganismen, Wasser und andere Stoffe, halten den Blutzuckerspiegel konstant und machen länger satt. Zudem erhöhen sie das Stuhlvolumen. Das sorgt für mehr Bewegung bei der Verdauung und wirkt sich positiv auf das Wachstum der Darmschleimhautzellen aus.

Darmfitte Brotaufstriche

Pürieren und genießen! Ob herzhaft mit Erbsen, Bohnen und Paprika oder süß mit Pflaumen: Selbst gemachte Aufstriche bringen leckere Vielfalt und Abwechslung aufs Brot – ohne Zucker und künstliche Zusatzstoffe. Auch Ihr Darm wird begeistert sein!

PFLAUMEN-MANDEL-MUS

Für ca. 300 g: **100 g Backpflaumen (ohne Stein)** grob würfeln, mit 150 ml Wasser bedecken und über Nacht einweichen. Am nächsten Tag die Pflaumen mit dem Einweichwasser und **2 EL dunklem Mandelmus** in einem hohen Rührbecher mit dem Stabmixer fein pürieren. Das Püree mit **2 TL Zitronensaft** und **¼ TL Zimtpulver** würzen. **20 g Chiasamen** unterrühren, alles etwa 3 Stunden quellen lassen. Das Mus hält sich gekühlt mind. 10 Tage.

Nährwerte pro Portion (bei 6 Portionen):
ca. 100 kcal, 2 g EW, 5 g F, 10 g KH, 3 g BST

ERBSEN-MINZE-AUFSTRICH

Für ca. 260 g: **Je 1 Zwiebel und Knoblauchzehe** schälen, in feine Würfel schneiden und in **4 EL Olivenöl** bei mittlerer Hitze glasig dünsten. **150 g tiefgekühlte Erbsen** und **1 EL Zitronensaft** unterrühren, 3 bis 4 Minuten mitdünsten. Vom Herd nehmen und grob pürieren. **3 Stiele Minze** waschen, trocken schütteln, Blätter abzupfen, fein hacken und untermischen. Den Aufstrich **salzen** und **pfeffern.** Er hält sich gekühlt mind. 1 Woche.

Nährwerte pro Portion (bei 4 Portionen):
ca. 130 kcal, 3 g EW, 10 g F, 6 g KH, 2 g BST

PAPRIKA-HARISSA-PASTE

Für ca. 260 g: **50 g Walnusskerne** grob hacken, mit **25 g Kürbiskernen** in einer Pfanne bei mittlerer Hitze anrösten, beiseitestellen. **150 g geröstete rote Paprikaschoten (aus dem Glas)** abtropfen lassen und grob in Stücke schneiden, mit dem Nussmix, **2 TL Harissa, 2 TL Tomatenmark** und **2 TL Zitronensaft** in einem hohen Rührbecher mit dem Stabmixer nicht zu fein pürieren. **Salzen** und **pfeffern,** mit **Korianderblättern** garniert servieren. Die Paste hält sich gekühlt mind. 1 Woche.

Nährwerte pro Portion (bei 4 Portionen):
ca. 140 kcal, 5 g EW, 12 g F, 3 g KH, 2 g BST

WEISSE BOHNENCREME

Für ca. 260 g: **200 g weiße Bohnen (aus dem Glas)** abbrausen und abtropfen lassen. **1 Knoblauchzehe** schälen und in Würfel schneiden Beides in einem hohen Rührbecher mit **1 EL dunklem Mandelmus, 1 EL Olivenöl** und **1 EL Zitronensaft** mit dem Stabmixer fein pürieren. **Einige fein gehackte Basilikumblätter** unter die Creme rühren. Mit **Salz, 1 Prise Chilipulver** und **½ TL abgeriebener Bio-Zitronenschale** würzen. Mit **2 TL kleinen Kapern** und **Basilikumblättern** garnieren. Die Bohnencreme hält sich gekühlt mind. 1 Woche.

Nährwerte pro Portion (bei 4 Portionen):
ca. 130 kcal, 6 g EW, 7 g F, 10 g KH, 2 g BST

Mandel-Quark-Brot

Für 1 Kastenform (ca. 25 cm Länge; 20 Scheiben)
Zubereitung: 30 Minuten
Backen: 50 Minuten

150 g Mandelkerne
300 g Dinkelvollkornmehl
100 g Buchweizenmehl
100 g Mandelmehl (teilentölt)
feines Meersalz
3 TL Weinstein-Backpulver
150 g Magerquark
2 TL Ahornsirup
4 EL Rapsöl
60 g zarte Haferflocken
Mehl zum Arbeiten

Nährwerte pro Scheibe (ca. 55 g): ca. 190 kcal, 7 g EW, 10 g F, 17 g KH, 3 g BST

+ 100 g Mandeln fein reiben, die übrigen Mandeln hacken und beiseitestellen. Die geriebenen Mandeln in einer Pfanne ohne Fett bei mittlerer Hitze unter Rühren anrösten. Vom Herd nehmen und abkühlen lassen.

+ Den Backofen auf 200 °C vorheizen. Die Kastenform mit Backpapier auslegen. Dinkel-, Buchweizen- und Mandelmehl mit den geriebenen Mandeln, 2 TL Salz und dem Backpulver in einer Rührschüssel mischen. Den Quark, den Ahornsirup, das Öl und 250 ml lauwarmes Wasser hinzufügen und alles mit den Knethaken des Handrührgeräts zu einem glatten Teig verkneten. Zuletzt 50 g Haferflocken und die gehackten Mandeln unter den Teig arbeiten.

+ Den Teig auf der bemehlten Arbeitsfläche zu einem länglichen Laib formen, in die Form legen und schräg viermal einritzen. Die Oberfläche mit Wasser einstreichen und mit den übrigen Haferflocken bestreuen.

+ Das Brot im Ofen auf der mittleren Schiene etwa 50 Minuten backen. Falls die Oberfläche zu dunkel wird, diese mit Backpapier abdecken. Das Brot aus dem Ofen nehmen und abkühlen lassen. Dann mithilfe des Backpapiers aus der Form heben und auf einem Kuchengitter auskühlen lassen.

DIE ERNÄHRUNGS-DOCS

Pro Tag eine Handvoll Mandeln (etwa 30 Gramm) zu snacken, wirkt sich positiv auf die Darmflora aus und stärkt das Immunsystem. Die unverdaulichen Faserstoffe fördern das Wachstum gesunder Bakterien im Darm, vor allem die braune Haut liefert reichlich davon. Greifen Sie daher bewusst zu ungeschälten Mandeln und braunem Mandelmus statt zu Produkten aus geschälten Mandeln.

Sattmacher

Auf in die zweite Runde! Jetzt ist es höchste Zeit für eine selbst gekochte warme Mahlzeit. Wählen Sie aus unseren abwechslungsreichen Gerichten: Ob vegan, vegetarisch oder auch mal mit Fisch und Fleisch – immer kommen reichlich Gemüse, Kräuter, Nüsse und Samen mit auf den Teller. Und Linsennudeln, Vollkornreis oder Dinkel machen dank ihrer komplexen Kohlenhydrate nachhaltig satt. Ein Hochgenuss für die Darmbewohner und top für Ihre Figur!

Orientalische Ratatouille-Pfanne

Für 2 Personen
Zubereitung: 45 Minuten

1 gelbe Paprikaschote
1 Aubergine (ca. 250 g)
250 g Zucchini
150 g Cocktailtomaten
4 Stiele Thymian
1 weiße Zwiebel
1 Knoblauchzehe
1 Dose Kichererbsen (250 g Abtropfgewicht)
2 EL Olivenöl
1 TL gemahlener Kreuzkümmel
Salz, Pfeffer aus der Mühle
1 EL Tomatenmark
1 Dose passierte Tomaten (400 g)
2 EL Aceto balsamico
4 Eier (Größe M)
4 Stiele Koriandergrün

Nährwerte pro Portion: ca. 560 kcal, 31 g EW, 26 g F, 41 g KH, 13 g BST

+ Die Paprika längs halbieren, entkernen, waschen und quer in etwa 1 cm breite Streifen schneiden. Aubergine und Zucchini putzen, waschen und in etwa 1 ½ cm große Würfel schneiden. Die Tomaten und den Thymian waschen. Zwiebel und Knoblauch schälen und fein würfeln. Die Kichererbsen in ein Sieb abgießen, kalt abbrausen und abtropfen lassen.

+ Das Öl in einer Pfanne erhitzen, Zwiebel und Knoblauch darin bei mittlerer Hitze 2 bis 3 Minuten dünsten. Paprika, Auberginen- und Zucchiniwürfel dazugeben und etwa 5 Minuten mitbraten. Mit Kreuzkümmel, Salz und Pfeffer würzen. Thymian, Tomatenmark, Cocktailtomaten, passierte Tomaten und die Kichererbsen hinzufügen und unterrühren. Alles aufkochen, bei mittlerer Hitze etwa 5 Minuten offen köcheln lassen und dann mit dem Essig würzen.

+ Die Pfanne vom Herd nehmen und mit einem Esslöffelrücken vier Mulden in das Gemüse drücken. Die Eier einzeln aufschlagen, in jede Vertiefung 1 Ei gleiten lassen und die Pfanne zurück auf den Herd stellen. Die Eier bei mittlerer Hitze etwa 10 Minuten zugedeckt stocken lassen. Koriander waschen und trocken schütteln, die Blätter abzupfen und über die Ratatouille streuen. Dazu passen Kartoffel-Joghurt-Brötchen (siehe Seite 68) oder Vollkornbaguette.

DIE ERNÄHRUNGS-DOCS

Kichererbsen sind Top-Ballaststoff- und -Eiweißlieferanten. Wie andere Hülsenfrüchte auch enthalten sie Raffinose, einen Dreifachzucker, der unverdaut im Dickdarm landet. Wenn Darmbakterien den Zucker zersetzen, entstehen vermehrt Gase. Wer zu Blähungen neigt, sollte Kichererbsen daher mit Kreuzkümmel, Thymian, Koriander oder Petersilie verfeinern – so werden sie bekömmlicher.

Paprikapasta mit Walnusspesto

Für 2 Personen
Zubereitung: 30 Minuten

30 g Walnusskerne
1 Knoblauchzehe
50 g junger Blattspinat
3 EL Olivenöl
Salz
40 g ital. Hartkäse (z. B. Grana padano)
2 EL Walnussöl
1–2 TL Zitronensaft
Pfeffer aus der Mühle
120 g Emmer-Vollkorn-Spaghetti
200 g gegrillte rote Paprika (aus dem Glas)
4 Stiele Basilikum

Nährwerte pro Portion: ca. 680 kcal, 19 g EW, 43 g F, 49 g KH, 10 g BST

+ Für das Pesto die Walnüsse hacken und in einer Pfanne ohne Fett anrösten. Vom Herd nehmen und abkühlen lassen. Den Knoblauch schälen und grob hacken. Den Spinat verlesen, waschen und trocken schütteln. Die Hälfte des Spinats mit den Nüssen, dem Knoblauch, 2 EL Olivenöl und ¼ TL Salz im Blitzhacker oder in einer hohen Rührschüssel mit dem Stabmixer fein pürieren. Den Käse fein reiben, die Hälfte des Käses mit dem Walnussöl kurz unter das Pesto mischen. Mit Zitronensaft und Pfeffer abschmecken.

+ Spaghetti nach Packungsanweisung in reichlich kochendem Salzwasser garen. Anschließend in ein Sieb abgießen und dabei 100 ml Kochwasser auffangen.

+ Die gegrillte Paprika abtropfen lassen, längs halbieren und quer in etwa 1 cm breite Streifen schneiden. Das übrige Olivenöl in einer großen Pfanne erhitzen, die Paprika und den restlichen Spinat bei mittlerer Hitze 1 bis 2 Minuten dünsten. Das Walnusspesto mit dem aufgefangenen Nudelkochwasser verrühren. Mit den Spaghetti unter den Paprikamix mischen und erhitzen. Mit Salz und Pfeffer würzen.

+ Das Basilikum waschen und trocken schütteln, die Blätter abzupfen. Die Pasta in tiefen Tellern anrichten und mit dem übrigen Käse und Basilikum bestreuen.

DIE ERNÄHRUNGS-DOCS

Wer regelmäßig eine Handvoll Walnüsse knabbert, fördert die nützlichen Darmbakterien und hemmt potenziell schädliche: Das wiesen Forscher an der Universität München in einer Studie nach. Im Stuhl der Probanden tummelten sich erheblich mehr Probiotika und Buttersäure produzierende Keime. Prima, denn die Zunahme der „Guten“ hilft, Übergewicht und Diabetes zu verhindern.

Linsenpasta mit Veggie-Bolognese

Für 2 Personen
Zubereitung: 45 Minuten

1 dünne Stange Lauch (ca. 150 g)
120 g Staudensellerie
120 g Möhren
1 Zwiebel
1 Knoblauchzehe
1 rote Pfefferschote (Peperoni)
40 g getrocknete Tomaten (in Öl)
3 EL Olivenöl
1 Dose stückige Tomaten (400 g)
½ TL getrockneter Oregano
Salz, Pfeffer aus der Mühle
200 ml Gemüsebrühe
120 g Rote-Linsen-Nudeln (z. B. Spirelli)
5 Stiele Petersilie
1 Msp. Pul Biber
(scharfe Paprikaflocken)

Nährwerte pro Portion: ca. 460 kcal, 19 g EW, 19 g F, 48 g KH, 11 g BST

+ Den Lauch und den Sellerie putzen und waschen, die Möhren putzen und schälen, alles in kleine Würfel schneiden. Zwiebel und Knoblauch schälen und fein würfeln. Die Pfefferschote längs halbieren, nach Belieben entkernen, waschen und die Hälften in feine Streifen schneiden. Die Tomaten abtropfen lassen und in kleine Stücke schneiden.

+ Das Öl in einem weiten Topf erhitzen, Zwiebel und Knoblauch darin bei mittlerer Hitze 2 bis 3 Minuten andünsten. Lauch, Sellerie und Möhren hinzufügen und 2 bis 3 Minuten mitdünsten. Die getrockneten Tomaten, Pfefferschote, Tomaten aus der Dose und Oregano zum Gemüse geben, mit Salz und Pfeffer würzen. Die Brühe angießen und alles aufkochen. Dann bei mittlerer Hitze offen etwa 25 Minuten köcheln lassen, dabei gelegentlich umrühren.

+ Inzwischen die Nudeln nach Packungsanweisung in reichlich kochendem Salzwasser bissfest garen. Die Petersilie waschen und trocken schütteln, die Blätter abzupfen und hacken. Nudeln abgießen, kurz abtropfen lassen und zur Sauce geben, mit Salz und Pul Biber würzen. Die Linsenpasta auf Tellern anrichten und mit Petersilie bestreuen.

DIE ERNÄHRUNGS-DOCS

Eine Tomatensauce kann den positiven Effekt des probiotischen Bakterienstamms Lactobacillus reuteri auf die Darmgesundheit verstärken – das hat eine aktuelle Studie an der Universität Valencia gezeigt. Der Kochvorgang stabilisiert das tomateneigene Antioxidans Lycopin: Es überlebt den Verdauungsprozess besser und wird in größeren Mengen vom Körper aufgenommen. Ideal ist es, wenn man die Sauce mit einem Präbiotikum wie Linsenpasta kombiniert.

Grünkern-Gemüse-Risotto

Für 2 Personen
Zubereitung: 35 Minuten
Quellen: 8 Stunden (über Nacht)

125 g Grünkern
250 g Rosenkohl (ersatzweise 200 g tiefgekühlter Rosenkohl; aufgetaut)
150 g Möhren
1 Stange Lauch (ca. 200 g)
1 kleine Zwiebel
1 Knoblauchzehe
3 EL Olivenöl
300–350 ml Gemüsebrühe
30 g Parmesan (am Stück)
2 Stiele Salbei
Salz, Pfeffer aus der Mühle
20 g Butter

Nährwerte pro Portion: ca. 600 kcal, 19 g EW, 33 g F, 51 g KH, 14 g BST

+ Den Grünkern in ½ l Wasser mindestens 8 Stunden, am besten über Nacht, einweichen, dann in einem Sieb abtropfen lassen. Den Rosenkohl putzen, waschen und je nach Größe halbieren oder vierteln. Die Möhren putzen, schälen und in etwa 1 cm große Würfel schneiden. Den Lauch putzen, waschen, längs halbieren und die Hälften in dünne Scheiben schneiden.

+ Zwiebel und Knoblauch schälen, in feine Würfel schneiden und in einem weiten Topf in 2 EL Öl bei mittlerer Hitze etwa 2 Minuten dünsten. Das Gemüse dazugeben und etwa 2 Minuten mitdünsten. Den Grünkern hinzufügen und mit 300 ml Brühe aufgießen. Aufkochen und offen bei mittlerer Hitze 15 bis 18 Minuten weich garen, dabei öfter umrühren.

+ Den Parmesan fein reiben. Salbei waschen, trocken schütteln und die Blätter abzupfen. Das übrige Öl in einer kleinen Pfanne erhitzen, den Salbei darin bei starker Hitze kurz knusprig braten. Vom Herd nehmen.

+ Den Risotto mit Salz und Pfeffer würzen. Die Butter in Flöckchen und zwei Drittel vom Käse unterrühren, bei Bedarf noch etwas Brühe dazugeben. Den Risotto anrichten, mit dem übrigen Käse und den Salbeiblättern bestreuen.

DIE ERNÄHRUNGS-DOCS

Rosenkohl ist reich an Ballaststoffen und liefert entzündungshemmende Glucosinolate. Weniger bekannt ist, dass die Röschen auch die Omega-3-Fettsäure Alpha-Linolensäure enthalten. Sie hält die Zellmembranen im Körper geschmeidig und ist gutes „Futter“ für unser Gehirn. Pflanzliche Omega-3-Fettsäuren wirken allerdings weniger effektiv als tierische aus fettem Fisch.

Pilzragout mit Topinambur

Für 2 Personen
Zubereitung: 40 Minuten

400 g Topinambur (ersatzweise kleine festkochende Kartoffeln, z. B. Drillinge)
200 g braune Champignons
150 g Kräuterseitlinge
200 g Cocktailtomaten
2 Schalotten
1 Knoblauchzehe
6 Zweige Thymian
4 EL Olivenöl
Salz, Pfeffer aus der Mühle
2 EL Schmand (24 % Fett)
½ Bund Petersilie

Nährwerte pro Portion: ca. 420 g kcal, 15 g EW, 27 g F, 14 g KH, 32 g BST

+ Die Topinambur putzen, gründlich waschen und dabei abbürsten, dann in 3 bis 4 mm dicke Scheiben schneiden. Die Pilze putzen und trocken abreiben, Champignons vierteln oder halbieren, Kräuterseitlinge grob in Stücke schneiden. Die Tomaten waschen und halbieren. Schalotten und Knoblauch schälen und in feine Würfel schneiden. Den Thymian waschen und trocken schütteln, die Blättchen abzupfen und hacken.

+ In einer großen Pfanne 2 EL Öl erhitzen, die Pilze darin bei starker Hitze 3 bis 4 Minuten unter gelegentlichem Wenden braten. Schalotten, Knoblauch und Thymian dazugeben und 1 bis 2 Minuten mitbraten. Die Tomaten hinzufügen, mit Salz und Pfeffer würzen. Schmand und 3 EL Wasser unterrühren und das Ragout zugedeckt bei schwacher Hitze 5 bis 7 Minuten köcheln lassen.

+ Inzwischen in einer zweiten Pfanne das übrige Öl erhitzen und die Topinambur darin bei schwacher bis mittlerer Hitze 10 bis 15 Minuten gleichmäßig goldbraun braten, dabei gelegentlich wenden. Mit Salz und Pfeffer würzen. Die Petersilie waschen und trocken schütteln, die Blätter abzupfen und fein hacken. Die Topinambur mit dem Pilzragout auf Teller verteilen und mit der Petersilie bestreuen.

DIE ERNÄHRUNGS-DOCS

Topinamburknollen sind ein Festschmaus für unsere Darmbakterien, denn sie enthalten mit 18 bis 35 Prozent sehr viel Inulin (siehe Seite 17). Dieser lösliche Ballaststoff quillt während der Verdauung auf und macht lange satt. Zudem hat Inulin wenig Einfluss auf den Blutzuckerspiegel – man nennt die kalorienarme Knolle darum auch Diabetiker-Kartoffel.

PEPPER

Buchweizencrêpes mit Zoodles

Für 2 Personen
Zubereitung: 45 Minuten

80 g Buchweizenmehl
200 ml Milch (1,5 % Fett)
3 Eier (Größe M)
Salz
1 rote Zwiebel
150 g Möhren
150 g Zucchini
3 EL Olivenöl
Pfeffer aus der Mühle
frisch geriebene Muskatnuss
125 ml Gemüsebrühe
2 EL dunkles Mandelmus
½ Bund Schnittlauch
20 g Gartenkresse

Nährwerte pro Portion: ca. 690 kcal, 26 g EW, 43 g F, 48 g KH, 6 g BST

+ Das Buchweizenmehl, die Milch, die Eier und ¼ TL Salz mit einem Schneebesen gut verrühren und etwa 15 Minuten quellen lassen.

+ Währenddessen die Zwiebel schälen und in feine Würfel schneiden. Die Möhren und Zucchini putzen und schälen bzw. waschen und mit dem Spiralschneider in lange feine Streifen schneiden. In einer großen Pfanne 2 EL Öl erhitzen, die Möhren darin bei mittlerer Hitze etwa 2 Minuten anbraten. Zucchini und Zwiebel dazugeben und 1 bis 2 Minuten mitbraten. Mit Salz, Pfeffer und Muskatnuss würzen. Die Brühe angießen, das Mandelmus unterrühren. Aufkochen und dann offen etwa 2 Minuten köcheln lassen.

+ Aus dem Teig in einer Pfanne (Ø 26 cm) mit je ½ EL Öl 2 dünne Crêpes bei mittlerer Hitze backen (auf jeder Seite 3 bis 4 Minuten), zwischen zwei Tellern warm halten.

+ Den Schnittlauch waschen, trocken schütteln und in feine Röllchen schneiden. Die Kresse vom Beet schneiden und grob hacken. Die Kräuter – bis auf 2 EL – zu den Gemüse-Zoodles geben, auf den Crêpes anrichten und die Crêpes umklappen. Mit den übrigen Kräutern bestreuen.

DIE ERNÄHRUNGS-DOCS

Das große Plus von Möhren: Sie können sowohl bei Verstopfung als auch bei Durchfall helfen. Das liegt daran, dass sie eine günstige Kombination aus löslichen und nicht wasserlöslichen Ballaststoffen enthalten. Selbst wer normalerweise empfindlich auf Ballaststoffe reagiert, hat mit Möhren keine Probleme. Zudem stecken in den orangefarbenen Wurzeln viele Carotinoide, vor allem Beta-Carotin, das eine starke antioxidative und entzündungshemmende Wirkung hat.

Sommer-Ofengemüse mit Hummus

Für 2 Personen
Zubereitung: 40 Minuten

1 gelbe Paprikaschote
200 g Mini-Bratpaprika (Pimientos de Padrón)
1 Zucchini (ca. 180 g)
250 g Cocktailtomaten mit Rispen
1 Knoblauchzehe
4 EL Olivenöl
1 TL getrockneter Rosmarin
Salz, Pfeffer aus der Mühle
1 Dose Kichererbsen (250 g Abtropfgewicht)
1 rote Chilischote
2 EL Tahin (Sesampaste)
1 EL Tomatenmark
2 EL Zitronensaft
1 TL gemahlener Kreuzkümmel
2 EL gehackte Petersilie

Nährwerte pro Portion: ca. 570 kcal, 18 g EW, 34 g F, 39 g KH, 13 g BST

+ Den Backofen auf 200 °C vorheizen. Die Paprika längs vierteln, entkernen, waschen und quer in etwa 2 cm breite Streifen schneiden. Die Bratpaprika waschen und abtropfen lassen. Die Zucchini putzen, waschen und in etwa 1 cm breite Scheiben schneiden. Die Tomaten waschen, abtropfen lassen und an den Rispen grob in Stücke schneiden.

+ Den Knoblauch schälen, in feine Würfel schneiden und in einer Schüssel mit 3 EL Öl, Rosmarin, Salz und Pfeffer verrühren. Paprika, Bratpaprika und Zucchini dazugeben und gut untermischen. Das Gemüse samt Tomaten auf einem mit Backpapier belegten Backblech verteilen und im Ofen auf der mittleren Schiene etwa 20 Minuten backen.

+ Inzwischen die Kichererbsen in ein Sieb abgießen, kalt abbrausen und abtropfen lassen. Die Chilischote putzen, waschen, eventuell entkernen und klein schneiden. Beides mit Tahin, Tomatenmark, Zitronensaft und dem übrigen Öl im Blitzhacker oder in einem hohen Rührbecher mit dem Stabmixer zu einer cremigen Paste pürieren. Bei Bedarf noch 2 bis 3 EL Wasser untermixen. Mit Salz, Pfeffer und Kreuzkümmel würzen. Den Chili-Hummus mit dem Ofengemüse anrichten und mit der Petersilie bestreuen.

DIE ERNÄHRUNGS-DOCS

Gönnen Sie sich möglichst häufig Olivenöl, idealerweise extra natives. Neben reichlich Ölsäure machen vor allem die enthaltenen Polyphenole das flüssige Gold so gesund. Polyphenole sind sekundäre Pflanzenstoffe, die antioxidativ und entzündungshemmend wirken. Davon profitiert auch der Darm. Studien haben gezeigt, dass die Pflanzenstoffe die Entstehung von Darmentzündungen verhirdern können.

Gemüse-Dinkel-Eintopf mit Pistou

Für 2 Personen
Zubereitung: 1 Stunde

80 g Zartdinkel (z. B. Dinkel wie Reis; aus dem Bioladen)
Salz
200 g Blumenkohl
2 Möhren (ca. 120 g)
½ Kohlrabi (ca. 150 g)
1 kleiner Fenchel (ca. 200 g)
100 g Staudensellerie
200 g grüne Bohnen
150 g Mangold
250 g Tomaten
1 Zwiebel
4 EL Olivenöl
Pfeffer aus der Mühle
¾ l Gemüsebrühe
40 g Basilikum
30 g geriebener Gruyère (ersatzweise Emmentaler)
15 g Pinienkerne

Nährwerte pro Portion: ca. 660 kcal, 24 g EW, 37 g F, 47 g KH, 19 g BST

+ Den Dinkel in einem Topf mit leicht gesalzenem Wasser aufkochen und zugedeckt bei schwacher Hitze etwa 20 Minuten weich garen, abgießen und abtropfen lassen.

+ Das Gemüse je nach Sorte putzen und waschen bzw. schälen. Den Blumenkohl in etwa 3 cm große Röschen, die Möhren in etwa ½ cm dicke Scheiben und den Kohlrabi in etwa 2 cm große Würfel schneiden. Fenchel und Sellerie in 2 bis 3 cm große Stücke schneiden, die Bohnen quer halbieren. Die Mangoldstiele in etwa 1 cm breite Stücke, die -blätter in etwa 2 cm breite Streifen schneiden.

+ Tomaten waschen, halbieren und in etwa 2 cm große Würfel schneiden, dabei die Stielansätze entfernen. Die Zwiebel schälen und in feine Würfel schneiden. In einem großen Topf 2 EL Öl erhitzen, das Gemüse – bis auf die Tomaten und das Mangoldgrün – darin bei mittlerer Hitze etwa 5 Minuten andünsten. Mit Salz und Pfeffer würzen, die Brühe angießen. Tomaten hinzufügen, aufkochen und zugedeckt bei schwacher Hitze 15 bis 20 Minuten garen.

+ Für das Pistou das Basilikum waschen, trocken schütteln und die Blätter abzupfen. Die Basilikumblätter mit Käse, Pinienkernen und übrigem Öl im Blitzhacker fein pürieren. Dinkel und Mangoldgrün unter das Gemüse rühren und den Eintopf mit Salz und Pfeffer abschmecken. In tiefen Tellern mit je 1 EL Pistou anrichten. Die übrige Paste dazu reichen.

TIPP:

Zartdinkel ist ein feinnussiger Reisersatz. Er hat eine kurze Garzeit, liefert aber auch weniger Ballaststoffe. Wer es vollwertig mag, kann Dinkelkörner über Nacht in Wasser einweichen, am nächsten Tag abtropfen lassen und in Salzwasser 30 bis 45 weich garen.

Grünes Gemüse-Kokos-Curry

Für 2 Personen
Zubereitung: 45 Minuten

100 g Vollkorn-Basmatireis
Salz
150 g tiefgekühlte Prinzessbohnen
200 g Bimi (Wildbrokkoli; ersatzweise Brokkoliröschen)
125 g Zuckerschoten
1 Zwiebel
1 Knoblauchzehe
15 g Ingwer
2 TL natives Kokosöl
2 TL rote Currypaste
2 TL Tomatenmark
1 kleine Dose Kokosmilch (200 ml)
100 g junger Blattspinat
Pfeffer aus der Mühle
1 EL Limettensaft
25 g Cashewkerne

Nährwerte pro Portion: ca. 675 kcal, 17 g EW, 37 g F, 64 g KH, 14 g BST

+ Den Reis nach Packungsanweisung in ¼ l leicht gesalzenem Wasser zugedeckt etwa 30 Minuten köcheln, bis er das Wasser komplett aufgesogen hat. Den Reis danach offen ausdampfen lassen.

+ Die Bohnen auftauen lassen. Den Bimi waschen, die Stielenden knapp abschneiden und den Bimi grob in Stücke schneiden. Die Zuckerschoten putzen, waschen und schräg halbieren. Die Zwiebel schälen und in Spalten schneiden. Knoblauch und Ingwer schälen und fein würfeln.

+ Zwiebel, Knoblauch und Ingwer in einem weiten Topf im Öl bei mittlerer Hitze 1 bis 2 Minuten anbraten. Die Currypaste und das Tomatenmark dazugeben und unter Rühren etwa 1 Minute mitrösten. Die Kokosmilch und 125 ml Wasser dazugießen und unter Rühren aufkochen lassen. Das grüne Gemüse in den Topf geben und bei mittlerer Hitze zugedeckt etwa 10 Minuten köcheln lassen.

+ Den Spinat verlesen, waschen und gut abtropfen lassen. Zum Curry geben und alles mit Salz, Pfeffer und Limettensaft abschmecken. Cashewkerne grob hacken. Das Curry mit dem Reis anrichten und mit Cashewkernen bestreuen.

DIE ERNÄHRUNGS-DOCS

Grünes Gemüse wie Brokkoli, Spinat und Salat ist ein echter Booster für das Mikrobiom. Forscher der Universitäten Konstanz und Wien haben festgestellt, dass der enthaltene Schwefelzucker (Sulfoglukose) das Wachstum wichtiger Mikroorganismen im Darm fördert, etwa die Bakterienart Eubacterium rectale. Bei der Verdauung des Schwefelzuckers entstehen geringe Mengen Schwefelwasserstoff, der eine entzündungshemmende Wirkung hat.

1 x Reis kochen – 3 x genießen

Gegarter Reis vom Vortag ist ein Leckerbissen, den die Darmflora besonders schätzt. Darin steckt reichlich resistente Stärke, die ihr als wertvolles „Futter“ dient. Alltagstauglich und supereasy sind unsere gesunden Minirezepte noch dazu …

BASISREZEPT – REIS KOCHEN

Für ca. 750 g gegarten Reis: **250 g Vollkorn-Langkornreis** mit ½ **l leicht gesalzenem Wasser** in einem Topf bei starker Hitze aufkochen. Dann bei schwacher Hitze 30 bis 35 Minuten zugedeckt köcheln lassen, bis der Reis die Flüssigkeit komplett aufgesogen hat. Den Reis anschließend offen auf der abgeschalteten Herdplatte ausdampfen, abkühlen und im Kühlschrank mindestens 12 Stunden auskühlen lassen. Nach Rezept weiterverarbeiten oder zugedeckt aufbewahren (er hält sich etwa 1 Woche) bzw. portionsweise einfrieren.

GELBE RISI-BISI-PFANNE

Für 2 Personen: **1 große Möhre** und **250 g Kohlrabi** putzen, schälen und etwa 1 cm groß würfeln. **1 rote Zwiebel** schälen, fein würfeln und in einer Pfanne in **1 EL Butter** bei mittlerer Hitze glasig dünsten. Möhren und Kohlrabi dazugeben und etwa 3 Minuten mitdünsten, **300 g kalten gegarten Vollkornreis (Basisrezept)** und **½ TL Kurkumapulver** hinzufügen, unter Rühren etwa 2 Minuten mitdünsten. **50 ml Gemüsebrühe** und **100 g Kochsahne (15 % Fett)** angießen, **125 g tiefgekühlte Erbsen** untermischen. Alles bei mittlerer Hitze etwa 5 Minuten köcheln lassen. **Salzen** und **pfeffern.**

Nährwerte pro Portion: ca. 450 kcal,
12 g EW, 17 g F, 60 g KH, 8 g BST

REIS-GEMÜSE-BULETTEN

Für 2 Personen: **100 g Zucchini** putzen, waschen und raspeln. **100 g rote Paprikaschote** putzen, waschen und in feine Würfel schneiden. **1 Frühlingszwiebel** putzen, waschen und in feine Würfel schneiden. **150 g kalten gegarten Vollkornreis (Basisrezept)** mit dem Gemüse, **40 g Dinkelvollkornmehl, 1 Ei (Größe M)** und **40 g geriebenem Bergkäse (mind. 30 % Fett i. Tr.)** mischen, mit **Salz** und **Pfeffer aus der Mühle** würzen. **2 EL Olivenöl** in einer großen beschichteten Pfanne erhitzen. Aus der Reismasse 6 bis 8 kleine Buletten formen und im Fett bei mittlerer Hitze auf jeder Seite 4 bis 5 Minuten goldbraun braten. Mit Kräuterquark servieren.

Nährwerte pro Portion: ca. 390 kcal,
15 g EW, 18 g F, 38 g KH, 4 g BST

MINESTRONE MIT REIS

Für 2 Personen: **Je 1 Zwiebel und Knoblauchzehe** schälen, fein würfeln und in **3 EL Olivenöl** in einem Topf bei mittlerer Hitze andünsten. **400 g tiefgekühltes Suppengemüse (z. B. Möhren, Blumenkohl, Brechbohnen, Brokkoli, Kartoffeln)** dazugeben, etwa 2 Minuten mitdünsten. **1 l Gemüsebrühe** und **1 TL ital. Kräuter** hinzufügen, alles zugedeckt aufkochen und bei schwacher Hitze etwa 8 Minuten garen. **100 g Cocktailtomaten** waschen, mit **125 g weißen Bohnen (Dose)** und **200 g kaltem gegartem Vollkornreis (Basisrezept)** hinzufügen. 5 Minuten köcheln lassen, **salzen** und **pfeffern.**

Nährwerte pro Portion: ca. 500 kcal,
12 g EW, 26 g F, 49 g KH, 11 g BST

Brokkoli-Blumenkohl-Gratin

Für 2 Personen
Zubereitung: 30 Minuten
Backen: 20 Minuten

300 g Blumenkohl (ohne grüne Blätter und Strunk)
300 g Brokkoli
Salz
1 EL Butter
1 EL Dinkelvollkornmehl
300 ml Milch (3,5 % Fett)
100 g alter Gouda (mind. 45 % Fett i. Tr.; am Stück)
frisch geriebene Muskatnuss
Cayennepfeffer
1 EL Mandelblättchen

Nährwerte pro Portion: ca. 440 kcal, 25 g EW, 28 g F, 17 g KH, 8 g BST

+ In einem Topf 1 l Wasser zum Kochen bringen. Inzwischen den Blumenkohl und den Brokkoli putzen, waschen und in etwa 3 cm große Röschen schneiden. Die Brokkolistiele großzügig schälen und in kleine Würfel schneiden. Das kochende Wasser salzen, Gemüse dazugeben, erneut aufkochen und etwa 5 Minuten garen. Das Gemüse in ein Sieb abgießen und abtropfen lassen, dabei 150 ml Kochwasser auffangen.

+ Den Backofen auf 220 °C vorheizen. Die Butter in einem Topf zerlassen, das Mehl darüberstäuben und unter Rühren kurz andünsten. Die Milch und 100 ml Gemüsekochwasser nach und nach mit einem Schneebesen einrühren und aufkochen lassen. Offen bei schwacher Hitze unter gelegentlichem Rühren etwa 10 Minuten köcheln lassen. Den Käse reiben und in der Sauce schmelzen lassen. Die Sauce eventuell noch mit etwas Kochwasser verdünnen, mit Salz, Muskatnuss und Cayennepfeffer würzen.

+ Die Blumenkohl-Brokkoli-Mischung in eine Auflaufform (etwa 20 x 30 cm) geben, die Sauce darübergießen und das Gemüse im Ofen auf der mittleren Schiene etwa 20 Minuten überbacken. Etwa 10 Minuten vor Ende der Backzeit die Mandeln darüberstreuen. Dazu passen Pellkartoffeln.

DIE ERNÄHRUNGS-DOCS

Senföle aus Blumenkohl und Brokkoli reduzieren jene Bakterien im Darm, die Sulfate zu Sulfiden (schwefelhaltige Verbindungen) umwandeln. Diese Veränderung der Darmflora wirkt sich positiv auf die Magen-Darm-Gesundheit aus: Sulfate regen den Gallenfluss an und haben einen verdauungsfördernden Effekt, während ein hoher Gehalt an Sulfiden im Körper als Auslöser von chronischen Darmentzündungen und Allergien gilt.

Lauch-Kürbis-Quiche

Für 1 Tarteform (ca. Ø 28 cm; 6 Stücke)
Zubereitung: 40 Minuten
Backen: 30–35 Minuten

300 g Hokkaidokürbis
400 g Lauch
8 EL Olivenöl
Salz, Pfeffer aus der Mühle
frisch geriebene Muskatnuss
300 g griech. Sahnejoghurt (10 % Fett)
2 TL scharfer Senf
3 Eier (Größe M)
100 g Ziegengouda (mind. 45 % Fett i. Tr.)
100 g Dinkelvollkornmehl
100 g Dinkelmehl (Type 630)
2 TL Weinstein-Backpulver
125 g Magerquark
6 EL Milch (1,5 % Fett)
15 g Kürbiskerne
Fett für die Form
Dinkelmehl zum Arbeiten

Nährwerte pro Portion: ca. 460 kcal, 19 g EW, 29 g F, 30 g KH, 4 g BST

+ Den Kürbis waschen, entkernen und in etwa 2 cm breite Spalten und diese in dünne Scheiben schneiden. Den Lauch putzen und waschen, das Weiße und Hellgrüne in dünne Ringe schneiden. In einer großen Pfanne 2 EL Öl erhitzen, den Kürbis und den Lauch darin etwa 5 Minuten andünsten. Mit Salz, Pfeffer und Muskatnuss würzen und in eine Schüssel geben.

+ Den Backofen auf 200 °C vorheizen. Die Form fetten. Den Joghurt mit Senf, Eiern, Salz und Pfeffer gründlich verrühren. Den Käse grob raspeln.

+ Beide Mehlsorten mit dem Backpulver und 1 TL Salz mischen. Den Quark, das übrige Öl und die Milch verrühren und mit der Mehlmischung mit den Knethaken des Handrührgeräts kurz zu einem glatten Teig verkneten. Den Teig auf der bemehlten Arbeitsfläche rund (etwa Ø 32 cm) ausrollen und die Form damit auskleiden. Den Lauch-Kürbis-Mix und die Hälfte des Käses auf dem Teig verteilen. Den Eierguss darübergeben, mit dem übrigen Käse bestreuen.

+ Die Lauch-Kürbis-Quiche im Ofen auf zweiten Schiene von unten 30 bis 35 Minuten backen, 10 Minuten vor Ende der Backzeit die Kürbiskerne aufstreuen. Die Quiche aus dem Ofen nehmen und in der Form auf einem Kuchengitter etwa 10 Minuten abkühlen lassen. Zum Servieren in Stücke schneiden. Dazu passt ein gemischter Blattsalat.

Lachsfilet auf Rahmwirsing-Linsen

Für 2 Personen
Zubereitung: 45 Minuten

150 g Berglinsen
Salz
400 g Wirsing
1 kleine Zwiebel
10 g Ingwer
2 EL Rapsöl
2 TL Butter
1 TL Currypulver
50 ml ungesüßter Apfelsaft
200 ml Gemüsebrühe
50 g Sahne
Pfeffer aus der Mühle
2 Wildlachsfilets (à ca. 125 g; ohne Haut)
½ Bund Schnittlauch

Nährwerte pro Portion: ca. 605 kcal, 46 g EW, 27 g F, 36 g KH, 15 g BST

+ Die Linsen in kochendem Wasser 20 bis 25 Minuten garen, gegen Ende der Garzeit salzen. Die Linsen in ein Sieb abgießen und abtropfen lassen.

+ Inzwischen den Wirsing putzen, waschen und in etwa 1 cm breite Streifen schneiden. Zwiebel und Ingwer schälen und in feine Würfel schneiden. In einem weiten Topf 1 EL Öl und die Butter erhitzen. Zwiebel, Ingwer und Wirsing darin 2 bis 3 Minuten anbraten, mit dem Currypulver bestäuben. Mit dem Apfelsaft und der Brühe ablöschen und zugedeckt bei mittlerer Hitze etwa 10 Minuten dünsten. Die Sahne angießen, die Linsen untermischen und alles weitere 5 Minuten garen. Die Wirsing-Linsen mit Salz und Pfeffer würzen und zugedeckt warm halten.

+ Den Lachs waschen, trocken tupfen und mit Salz und Pfeffer würzen. Das übrige Öl in einer Pfanne erhitzen und den Lachs darin bei mittlerer Hitze auf jeder Seite 2 bis 3 Minuten braten. Inzwischen den Schnittlauch waschen, trocken schütteln, in feine Röllchen schneiden und die Hälfte unter die Wirsing-Linsen mischen. Die Linsen mit dem Lachs anrichten und mit dem restlichen Schnittlauch bestreuen. Dazu passt Kartoffelstampf.

DIE ERNÄHRUNGS-DOCS

Fettreicher Fisch wie Lachs, Makrele oder Hering sollte pro Woche ein- bis zweimal auf den Tisch, um den Bedarf an wertvollen Omega-3-Fettsäuren zu decken. Als gute Alternative dienen Fisch- oder Algenölkapseln. Die mehrfach ungesättigten Fettsäuren erhöhen die Diversität (Vielfalt) des Mikrobioms und fördern das Wachstum verschiedener entzündungshemmender Darmbakterien. Das kommt der Herz-Kreislauf-Gesundheit, dem Gehirn und dem Immunsystem zugute.

P P
S S

Meeresfrüchte-Reis nach Paella-Art

Für 2 Personen
Zubereitung: 45 Minuten
Quellen: 8 Stunden (über Nacht)

125 g Natur-Risottoreis (Rundkorn)
300 g tiefgekühlte Frutti di Mare (Meeresfrüchtemix)
50 g tiefgekühlte Erbsen
1 kleine Fenchelknolle (ca. 250 g)
1 rote Paprikaschote
1 Pastinake (ca. 100 g)
1 rote Zwiebel
1 Knoblauchzehe
3 EL Olivenöl
½ Pck. gemahlener Safran (0,05 g)
½ TL rosenscharfes Paprikapulver
375 – 400 ml Gemüsebrühe
Salz, Pfeffer aus der Mühle
1 Fleischtomate (ca. 200 g)
4 Stiele Petersilie
½ Bio-Zitrone (in Spalten)

Nährwerte pro Portion: ca. 660 kcal, 37 g EW, 24 g F, 68 g KH, 9 g BST

+ Am Vortag den Reis in ½ l Wasser mindestens 8 Stunden, am besten über Nacht, in kaltem Wasser einweichen. Am nächsten Tag abgießen und abtropfen lassen.

+ Die Meeresfrüchte und Erbsen auftauen lassen. Den Fenchel putzen, waschen, vierteln und quer in etwa 1 cm breite Streifen schneiden. Die Paprika längs halbieren, entkernen, waschen und in etwa 1 ½ cm große Würfel schneiden. Die Pastinake putzen, schälen und in Scheiben schneiden. Die Zwiebel schälen, halbieren und in feine Streifen schneiden. Knoblauch schälen und fein würfeln.

+ In einer großen Pfanne 2 EL Öl erhitzen, Zwiebel, Knoblauch, Fenchel, Paprika und Pastinake darin bei mittlerer Hitze etwa 3 Minuten unter Rühren braten. Den Gemüsemix aus der Pfanne nehmen. Den Reis ins übrige Bratfett geben, Safran und Paprikapulver darüberstäuben und kurz andünsten. 375 ml Brühe dazugießen, mit Salz und Pfeffer würzen. Aufkochen und zugedeckt bei schwacher Hitze etwa 20 Minuten garen, dabei gelegentlich umrühren.

+ Inzwischen die Meeresfrüchte in einem Sieb waschen, trocken tupfen und im restlichen Öl in einer zweiten Pfanne bei mittlerer Hitze etwa 2 Minuten braten. Herausnehmen.

+ Die Tomate waschen, vierteln und klein würfeln, dabei den Stielansatz entfernen. Tomatenwürfel, Meeresfrüchte, Gemüsemix und Erbsen unter den Reis rühren, alles etwa 5 Minuten offen köcheln lassen. Eventuell noch etwas Brühe angießen und den Reis nochmals abschmecken. Die Petersilie waschen und trocken schütteln, die Blätter abzupfen, fein hacken und auf den Meeresfrüchte-Reis streuen. Mit Zitronenspalten servieren.

Forellenpäckchen mit Spargelgemüse

Für 2 Personen
Zubereitung: 35 Minuten
Backen: 20 Minuten

2 küchenfertige Forellen (à ca. 350 g)
2 EL Olivenöl
Salz, Pfeffer aus der Mühle
1 Bio-Zitrone
400 g grüner Spargel
2 Möhren (ca. 120 g)
100 g Zuckerschoten
¼ l Gemüsebrühe
¼ TL Piment d'Espelette (ersatzweise rosenscharfes Paprikapulver)
100 g Sahne
1 TL Johannisbrotkernmehl
6 Stiele Basilikum

Nährwerte pro Portion: ca. 580 kcal, 48 g EW, 35 g F, 14 g KH, 8 g BST

+ Die Forellen innen und außen waschen, trocken tupfen, mit dem Öl einreiben und mit Salz und Pfeffer würzen. Die Zitrone heiß waschen, trocken reiben, 4 Scheiben abschneiden und in die Bauchhöhle stecken. Die Fische mittig auf je einen Bogen Backpapier (à etwa 38 x 42 cm) legen. Das Papier jeweils über dem Fisch zu einem Päckchen zusammenfalten, die Seiten wie bei einem Bonbon verdrehen und mit Küchengarn zubinden.

+ Den Backofen auf 220 °C vorheizen. Den Spargel waschen, im unteren Drittel schälen und die Enden abschneiden. Die Spargelstangen schräg in 3 bis 4 cm breite Stücke schneiden. Möhren putzen, schälen und schräg in dünne Scheiben schneiden. Zuckerschoten putzen, waschen und diagonal halbieren. Die Fischpäckchen auf ein Backblech setzen und im Ofen auf der 2. Schiene von unten etwa 20 Minuten backen.

+ Inzwischen die Brühe in einem breiten Topf aufkochen, Spargel und Möhren hineingeben und zugedeckt bei mittlerer Hitze etwa 3 Minuten dünsten. Zuckerschoten hinzufügen und 1 Minute mitdünsten. Übrige Zitrone auspressen. Gemüse mit Salz, Pfeffer, Piment d'Espelette und 2 TL Zitronensaft würzen. Die Sahne mit dem Johannisbrotkernmehl verrühren und untermischen.

+ Das Basilikum waschen, trocken schütteln und die Blätter abzupfen. Einige Blätter zum Garnieren beiseitelegen, den Rest in feine Streifen schneiden und unter das Gemüse heben. Die Forellenpäckchen mit dem Gemüse anrichten und mit Basilikumblättern bestreuen. Dazu passen kleine Pellkartoffeln.

SALT

Geschnetzeltes mit Selleriestampf

Für 2 Personen
Zubereitung: 40 Minuten

400 g vorwiegend festkochende Kartoffeln
400 g Knollensellerie
Salz
350 g Putenbrustfilet
Pfeffer aus der Mühle
1 Zwiebel
300 g frisches Sauerkraut (aus dem Kühlregal)
2 EL Olivenöl
1 ½ EL Tomatenmark
1 TL edelsüßes Paprikapulver
½ TL rosenscharfes Paprikapulver
200 ml Gemüsebrühe
½ Bund Petersilie

Nährwerte pro Portion: ca. 430 kcal, 19 g EW, 17 g F, 40 g KH, 14 g BST

+ Die Kartoffeln schälen, waschen und grob in Stücke schneiden. Den Sellerie putzen, schälen und in etwa 1 cm große Würfel schneiden. Die Kartoffeln und den Sellerie in einem Topf mit Salzwasser bedecken, zugedeckt aufkochen und bei mittlerer Hitze 15 bis 20 Minuten weich garen.

+ Das Fleisch waschen, trocken tupfen und in feine Streifen schneiden. Mit Salz und Pfeffer würzen. Zwiebel schälen, halbieren und in feine Streifen schneiden. Das Sauerkraut in einem Sieb über einer Schüssel abtropfen lassen.

+ Das Öl in einer großen Pfanne erhitzen und das Fleisch darin bei starker Hitze 3 bis 4 Minuten unter Rühren hellbraun braten. Die Zwiebel dazugeben und kurz mitbraten. Tomatenmark unterrühren und kurz mitdünsten. Das Sauerkraut zum Fleisch geben, mit beiden Sorten Paprikapulver bestäuben und mit Salz und Pfeffer würzen. Die Brühe angießen, aufkochen und die Putenpfanne dann zugedeckt bei schwacher Hitze etwa 15 Minuten schmoren.

+ Inzwischen die Petersilie waschen und trocken schütteln, die Blätter abzupfen und fein hacken. Den Kartoffel-Sellerie-Mix abgießen und mit dem Kartoffelstampfer grob zerdrücken. Das Geschnetzelte noch mal abschmecken, mit dem Stampf anrichten und mit der Petersilie bestreuen.

DIE ERNÄHRUNGS-DOCS

Sauerkraut steckt voller lebendiger Milchsäurebakterien, wenn es nicht konserviert oder erhitzt wurde. Pasteurisiertes Sauerkraut aus Dosen, Gläsern oder im Folienbeutel schmeckt zwar schön mild und enthält noch Milchsäure (das Stoffwechselprodukt der Milchsäurebakterien), hat aber keine lebenden Laktobazillen und damit keinen probiotischen Nutzen mehr.

Hähnchenfrikadellen mit Chicorée

Für 2 Personen
Zubereitung: 45 Minuten

300 g Hähnchenbrustfilet
1 Frühlingszwiebel
4 ½ EL Olivenöl
1 Ei (Größe M)
3 EL zarte Haferflocken
Salz, Pfeffer aus der Mühle
2 Chicorée (ca. 400 g)
250 g Möhren
2 TL flüssiger Honig
1 EL Butter
1 EL Zitronensaft
125 ml Gemüsebrühe
20 g Haselnusskerne
2 EL gehackte Petersilie

Nährwerte pro Portion: ca. 680 kcal, 46 g EW, 40 g F, 29 g KH, 9 g BST

+ Das Hähnchenfilet waschen, trocken tupfen, in grobe Stücke schneiden und durch den Fleischwolf drehen oder sehr fein hacken. Die Frühlingszwiebel putzen, waschen und in feine Ringe schneiden, in einer Pfanne in ½ EL Öl bei mittlerer Hitze kurz dünsten. Das Fleisch mit Frühlingszwiebelringen, Ei, Haferflocken, Salz und Pfeffer in einer Schüssel zu einer glatten Masse verkneten. Daraus mit leicht angefeuchteten Händen 6 kleine Frikadellen formen.

+ Den Chicorée putzen, waschen und längs vierteln, dabei den Strunk entfernen. Möhren putzen, schälen und längs vierteln. In einer großen Pfanne 2 EL Öl erhitzen, Möhren und Chicorée darin bei mittlerer Hitze etwa 4 Minuten goldbraun braten. Mit dem Honig beträufeln, Butter und Zitronensaft dazugeben und die Brühe angießen. Alles zugedeckt bei mittlerer Hitze 7 bis 8 Minuten dünsten, mit Salz und Pfeffer würzen.

+ Gleichzeitig in einer Pfanne das übrige Öl erhitzen. Die Frikadellen darin bei mittlerer Hitze auf beiden Seiten etwa 4 Minuten hellbraun braten, danach bei schwacher Hitze 5 Minuten weiterbraten. Zwischendurch wenden. Die Nüsse grob hacken. Die Frikadellen mit dem Chicorée anrichten und mit Nüssen und Petersilie bestreuen. Dazu passt Roggensauerteigbrot (siehe Seite 66) oder Kartoffelstampf.

DIE ERNÄHRUNGS-DOCS

Fleisch darf durchaus auf den Teller, aber halten Sie sich dabei etwas zurück und greifen Sie am besten zu mageren Sorten wie Hähnchen und Pute. Bevorzugen Sie Biofleisch. Auch wenn es meist teurer ist, es zahlt sich aus: Antibiotikaspuren, die in konventionellem Fleisch toleriert werden, können sich negativ auf die Darmflora auswirken und gute Keime dezimieren.

Rindfleisch-Wok mit Spitzkohl

Für 2 Personen
Zubereitung: 35 Minuten

300 g Rinderhüftsteaks
300 g Spitzkohl
100 g Radicchio
je 1 kleine rote und gelbe Paprikaschote
1 rote Chilischote
1 Knoblauchzehe
15 g Ingwer
200 ml Gemüsebrühe
2–3 EL Sojasauce (z. B. Tamari)
1 TL geröstetes Sesamöl
½ TL Johannisbrotkernmehl
4 EL helles Sesamöl
Salz, Pfeffer aus der Mühle
½ Bund Schnittlauch
1 EL Sesamsamen

Nährwerte pro Portion: ca. 540 kcal, 40 g EW, 35 g F, 12 g KH, 10 g BST

+ Das Fleisch waschen, trocken tupfen und in Streifen schneiden. Spitzkohl und Radicchio putzen, waschen und vom Strunk befreien. Beides in etwa 1 cm breite Streifen schneiden. Paprika längs halbieren, entkernen, waschen und in feine Streifen schneiden. Die Chilischote längs halbieren, entkernen und waschen, Knoblauch und Ingwer schälen. Alles in feine Würfel schneiden. Die Brühe mit 2 EL Sojasauce, dem gerösteten Sesamöl und dem Johannisbrotkernmehl glatt verrühren.

+ In einem Wok 2 EL helles Sesamöl erhitzen, das Fleisch darin bei starker Hitze 2 bis 3 Minuten unter Wenden braten. Mit Salz und Pfeffer würzen und herausnehmen. Das restliche Öl im Wok erhitzen, die Paprika darin bei starker Hitze etwa 2 Minuten braten. Spitzkohl, Radicchio, Chili, Knoblauch und Ingwer dazugeben und 2 Minuten mitbraten.

+ Die Würzsauce angießen und aufkochen lassen. Das Fleisch zum Gemüse geben und noch mal erhitzen. Mit übriger Sojasauce, Salz und Pfeffer abschmecken. Den Schnittlauch waschen, trocken schütteln und in feine Röllchen schneiden. Die Wokpfanne anrichten und mit Schnittlauch und Sesam bestreuen. Dazu passt Vollkorn-Basmatireis.

DIE ERNÄHRUNGS-DOCS

Spitzkohl zählt zu den gut bekömmlichen Kohlsorten und ist daher eine prima Alternative zu Weißkohl. Seine Ballaststoffe bringen den Darm sanft in Schwung und pushen die Abwehrkräfte. Gut für das Immunsystem ist auch der hohe Gehalt an Vitamin C (etwa 60 Milligramm pro 100 Gramm) und Zink. Zudem wirkt Spitzkohl dank der reichlich enthaltenen Senföle entzündungshemmend.

Hirscheintopf mit Schwarzwurzeln

Für 2 Personen
Zubereitung: 35 Minuten
Garen: 80 Minuten

400 g Hirschfleisch (aus der Keule; ersatzweise Rind- oder Lammfleisch aus der Keule)
1 große Zwiebel
4 Zweige Thymian
250 g Steckrüben
150 g Möhren
250 g vorwiegend festkochende Kartoffeln
250 g Schwarzwurzeln
2 EL Olivenöl
Salz, Pfeffer aus der Mühle
2 Streifen Bio-Orangenschale
600 ml Gemüsebrühe
½ Bund Petersilie

Nährwerte pro Portion: ca. 590 kcal, 48 g EW, 23 g F, 36 g KH, 21 g BST

+ Das Fleisch waschen, trocken tupfen und in etwa 3 cm große Würfel schneiden. Die Zwiebel schälen und in feine Würfel schneiden. Thymian waschen und trocken schütteln, die Blätter abzupfen und fein hacken.

+ Die Steckrüben putzen, schälen und in etwa 2 cm große Würfel schneiden. Die Möhren putzen, schälen und schräg in ½ cm dicke Scheiben schneiden. Die Kartoffeln schälen, waschen und grob in Stücke schneiden. Die Schwarzwurzeln schälen, waschen und in etwa 3 cm breite Stücke schneiden, dabei am besten Einweghandschuhe tragen, da der Schwarzwurzelsaft die Hände verfärbt.

+ Das Öl in einem Topf erhitzen und das Fleisch darin bei starker Hitze rundum etwa 5 Minuten scharf anbraten. Mit Salz, Pfeffer und Thymian würzen. Die Zwiebel und die Orangenschalenstreifen dazugeben und 2 Minuten mitdünsten. Dann die Schwarzwurzeln und Steckrüben hinzufügen und 2 bis 3 Minuten mitdünsten.

+ Alles mit der Brühe ablöschen. Aufkochen und zugedeckt bei schwacher Hitze etwa 1 Stunde garen, dabei gelegentlich umrühren. Die Möhren und Kartoffeln in den Topf geben und alles zugedeckt weitere 20 Minuten köcheln lassen.

+ Petersilie waschen und trocken schütteln, Blätter abzupfen und grob hacken. Den Eintopf mit Salz und Pfeffer würzen, in tiefen Tellern anrichten und mit Petersilie bestreuen.

TIPP:
Schwarzwurzeln werden aus heimischem Freilandanbau von Oktober bis Januar angeboten. Außerhalb der Saison können Sie auf geschälte und geschnittene Schwarzwurzeln aus der Tiefkühltruhe im Supermarkt zurückgreifen.

Darmgesunde Naschereien

Mit selbst gemachtem Eis, Apfelmus, dunkler Schokocreme und Beeren-Crumble können sich Naschkatzen den Tag versüßen. Unsere Desserts mit zuckerarmen Früchten blocken das Insulin und stehen Ihrer schlanken Linie nicht im Wege.

ZUCKERFREIES APFELMUS

Für 2 Personen: **500 g Äpfel (z. B. Elstar)** waschen, vierteln, mit dem Kerngehäuse klein schneiden und in einen Topf geben. **½ Vanilleschote** aufschneiden, das Mark herauskratzen. Beides mit **1 EL Zitronensaft** und **50 ml Wasser** in den Topf geben, aufkochen und zugedeckt bei schwacher Hitze 15 bis 20 Minuten köcheln lassen. Den Apfelmix durch ein Sieb oder die Flotte Lotte passieren, **¼ TL Zimtpulver** unterrühren. Abkühlen lassen.

Nährwerte pro Portion: ca. 130 kcal, 1 g EW, 0 g F, 29 g KH, 4 g BST

BANANA NICECREAM

Für 2 Personen: **2 noch leicht grüne Bananen (ca. 250 g)** schälen, in Scheiben schneiden, nebeneinander in einen Gefrierbeutel geben, verschließen und mindestens 5 Stunden einfrieren. **2 Gold-Kiwis** schälen, eine Hälfte in Spalten schneiden und beiseitelegen, die übrigen Kiwis klein schneiden. Mit **10 g Minzeblättern** und den gefrorenen Bananen im Küchenmixer fein pürieren. Von der Bananenmasse Kugeln abstechen und auf Schalen verteilen. Mit den Kiwispalten und Minzeblättern garnieren.

Nährwerte pro Portion: ca. 140 kcal, 2 g EW, 1 g F, 26 g KH, 6 g BST

BEEREN-CRUMBLE

Für 4 Personen: Den Backofen auf 180 °C vorheizen. **300 g gemischte Beeren (z. B. Brom-, Him-, Blau- und Rote Johannisbeeren)** verlesen, abbrausen und mit **½ TL gemahlener Vanille** und **2 TL Zitronensaft** mischen und in zwei ofenfeste Förmchen (à Ø 12 cm) geben. **40 g zarte Haferflocken, 20 g Mandelmehl, 10 g Kokosraspel** und **60 g weiche Butter** zu Streuseln verkneten. Auf den Beeren verteilen. Den Crumble im Ofen auf der mittleren Schiene 35 bis 40 Minuten backen. Mit **150 g Naturjoghurt (3,5 % Fett)** servieren.

Nährwerte pro Portion: ca. 250 kcal,
5 g EW, 19 g F, 13 g KH, 3 g BST

SCHOKOCREME MIT ERDBEEREN

Für 2 Personen: **120 g Kichererbsen (aus der Dose)** abbrausen und abtropfen lassen. **30 g Zartbitter-Schokolade (mind. 70 % Kakaoanteil)** fein hacken. **1 Medjoul-Dattel** entkernen, klein schneiden und mit den Kichererbsen, **15 g Kakaopulver (schwach entölt), 2 TL nativem Kokosöl** und **125 ml ungesüßtem Mandeldrink** mit dem Stabmixer fein pürieren. 20 g Schokolade unterrühren. Die Creme in Schalen anrichten, mit der restlichen gehackten Schokolade bestreuen. Nach Belieben mit **Erdbeeren** anrichten.

Nährwerte pro Portion: ca. 255 kcal,
8 g EW, 11 g F, 26 g KH, 8 g BST

Low-Carb-Gerichte

Knackige Salate, Gemüsegerichte und Suppen sind in ihrer bunten Vielfalt einfach unschlagbar – und überzeugen durch Geschmack und reichlich Vitalstoffe. Keine Angst, Sie müssen nicht hungern. In unseren Rezepten setzen wir auf kohlenhydrathaltige Fasern aus Gemüse, Kartoffeln, Quinoa und Hülsenfrüchten sowie gesunde Fette und sättigende Proteine. Kurzum alles, was unsere guten Darmbakterien prächtig gedeihen lässt.

Fenchel-Sauerkraut-Salat

Für 2 Personen
Zubereitung: 20 Minuten

250 g frisches Sauerkraut (aus dem Kühlregal)
1 Fenchelknolle (mit Grün; ca. 300 g)
1 kleine rote Zwiebel
Salz
1 kleiner Apfel (z. B. Elstar)
½ Bio-Zitrone
½ TL Fenchelsamen
Pfeffer aus der Mühle
2 EL Rapsöl
125 g Schmand (24 % Fett)
½ Beet Kresse

Nährwerte pro Portion: ca. 380 kcal, 6 g EW, 30 g F, 17 g KH, 7 g BST

+ Das Sauerkraut in einem Sieb abtropfen lassen, dabei den Saft auffangen. Den Fenchel putzen und waschen, das Grün grob hacken und beiseitelegen. Den Strunk keilförmig herausschneiden und den Fenchel auf der Rohkostreibe fein hobeln. Die Zwiebel schälen, halbieren und in feine Streifen schneiden, mit dem Fenchel in einer Schüssel mit etwas Salz 2 bis 3 Minuten verkneten. Den Apfel waschen, vierteln, entkernen, die Viertel quer in dünne Scheiben schneiden.

+ Zitrone heiß waschen und trocken reiben, ½ TL Schale fein abreiben und 1 EL Zitronensaft auspressen. Fenchelsamen im Mörser fein zerstoßen. Für das Dressing 2 EL aufgefangenen Sauerkrautsaft, den Zitronensaft, Salz, Pfeffer, die Fenchelsamen und das Öl in einer Schüssel verrühren. Die Fenchel-Zwiebel-Mischung, das Fenchelgrün und die Apfelscheiben dazugeben und alles gut mischen.

+ Den Schmand und die Zitronenschale verrühren, mit Salz und Pfeffer würzen. Die Kresse kurz abbrausen, vom Beet schneiden und – bis auf 2 Büschel – unter den Zitronen-Schmand rühren. Den Salat auf Tellern oder in Schalen anrichten, mit dem Zitronen-Schmand toppen und mit der beiseitegelegten Kresse garnieren.

DIE ERNÄHRUNGS-DOCS

Essen Sie Fenchel möglichst roh. Dann profitieren Sie am besten von den ätherischen Ölen, die für den leichten Anisgeschmack und die Heileigenschaften der Gemüseknolle verantwortlich sind. Die Öle haben einen verdauungsfördernden und entzündungshemmenden Effekt, lindern Blähungen, Krämpfe und Magen-Darm-Probleme. Außerdem bleiben, wenn Fenchel roh verzehrt wird, die hitzeempfindlichen B-Vitamine sowie Vitamin C erhalten.

Rucolasalat mit Spargel und Ei

Für 2 Personen
Zubereitung: 40 Minuten

250 g weißer Spargel
Salz
100 g Rucola
50 g Pflücksalat (z. B. Lollo rosso, Eichblattsalat)
100 g Cocktailtomaten
3 Frühlingszwiebeln
20 g Pinienkerne
2 Eier (Größe L)
2 EL Weißweinessig
½ TL mittelscharfer Senf
Pfeffer aus der Mühle
3 EL Rapsöl
1 EL Hanföl

Nährwerte pro Portion: ca. 400 kcal, 15 g EW, 32 g F, 11 g KH, 5 g BST

+ Den Spargel waschen, schälen und die holzigen Enden abschneiden. Die Spargelstangen schräg in 4 bis 5 cm breite Stücke schneiden und in ½ l kochendem Salzwasser etwa 5 Minuten noch leicht knackig garen. Dann abgießen, kalt abschrecken und abtropfen lassen. Den Rucola und den Pflücksalat verlesen, waschen und trockenschütteln. Vom Rucola die groben Stiele entfernen, die Blätter eventuell grob schneiden. Die Tomaten waschen und halbieren. Die Frühlingszwiebeln waschen und putzen, das Weiße in kleine Würfel, das Grüne in feine Ringe schneiden.

+ Die Pinienkerne in einer kleinen Pfanne ohne Fett goldbraun rösten. Vom Herd nehmen und abkühlen lassen. Die Eier in kochendem Wasser 6 bis 7 Minuten wachsweich garen, abgießen und abschrecken.

+ Inzwischen den Essig, 2 EL Wasser, Senf, Salz, Pfeffer und beide Ölsorten verrühren, die Frühlingszwiebelwürfel untermischen. Rucola, Pflücksalat, Tomaten, Spargel und Frühlingszwiebelringe auf Teller verteilen und mit dem Dressing beträufeln. Die Eier pellen, halbieren und auf den Salat setzen. Den Salat mit den Pinienkernen bestreut servieren.

DIE ERNÄHRUNGS-DOCS

Bitter macht gesund! Wer regelmäßig Rucola verzehrt, ist auf der sicheren Seite. Der Salat enthält ebenso wie Löwenzahn, Chicorée oder Radicchio reichlich gesunde Bitterstoffe. Diese gehören zu den sekundären Pflanzenstoffen und wirken antibakteriell, antientzündlich und immunstärkend. Darüber hinaus regen sie den Speichelfluss an und pushen die Magen- und Darmbewegungen. Und nicht zuletzt zügeln bitter schmeckende Lebensmittel den Appetit auf Süßes.

Chicorée-Caesar-Salat mit Pilzen

Für 2 Personen
Zubereitung: 40 Minuten

30 g ital. Hartkäse (z. B. Grana padano)
150 g Seidentofu
2 EL Limettensaft
2 EL Weißweinessig
1 EL Hefeflocken
1 TL scharfer Senf
2 EL griech. Sahnejoghurt (10 % Fett)
Salz, Pfeffer aus der Mühle
1 Chicorée (ca. 200 g)
1 Radicchio Trevisano (ca. 100 g)
100 g Radieschen
2 Frühlingszwiebeln
150 g Pfifferlinge (ersatzweise Kräuterseitlinge)
1 Scheibe Vollkornbrot (ca. 50 g)
3 EL Olivenöl

Nährwerte pro Portion: ca. 400 kcal, 18 g EW, 25 g F, 20 g KH, 8 g BST

+ Für das Dressing den Käse fein reiben und mit dem Seidentofu, Limettensaft, Essig, Hefeflocken, Senf und Joghurt in einem hohen Rührbecher mit dem Stabmixer fein pürieren. Bei Bedarf noch 1 bis 2 EL Wasser untermischen, das Dressing mit Salz und Pfeffer würzen.

+ Den Chicorée und den Radicchio putzen, waschen, vom Strunk befreien und in etwa 2 cm breite Streifen schneiden. Die Radieschen putzen, waschen und in dünne Scheiben schneiden. Die Frühlingszwiebeln putzen, waschen und in feine Ringe schneiden. Pfifferlinge putzen und, falls nötig, trocken abreiben.

+ Das Brot in etwa 1 cm große Würfel schneiden und in einer Pfanne in 1 EL Öl bei mittlerer Hitze etwa 5 Minuten rösten, dann herausnehmen. Das übrige Öl in der Pfanne erhitzen und die Pfifferlinge darin bei starker Hitze 5 bis 7 Minuten braten, mit Salz und Pfeffer würzen.

+ Chicorée, Radicchio, Radieschen und Frühlingszwiebeln auf Tellern anrichten und mit dem Tofudressing beträufeln. Mit den Brotwürfeln und den Pfifferlingen bestreuen und sofort servieren.

DIE ERNÄHRUNGS-DOCS

Helfen Sie Ihrem Darm häufiger mal mit frischen Pilzen auf die Sprünge! Das Zellgerüst von Pfifferlingen, Kräuterseitlingen und Co. besteht aus weitgehend unverdaulichem Chitin. Mit diesem Polysaccharid werden die Enzyme bei der Verdauung nicht fertig; den Darmbakterien hingegen dient es als Nahrung und fördert deren Wachstum. Sie sorgen für eine dicke Schleimhaut, die die Darmwände schützt, und produzieren zudem Vitamine wie Biotin (B7) und Thiamin (B1).

Kürbissalat mit Feta

Für 2 Personen
Zubereitung: 35 Minuten

350 g Butternusskürbis
3 EL Olivenöl
Salz, Pfeffer aus der Mühle
½ TL Pul Biber (scharfe Paprikaflocken)
25 g Walnusskerne
80 g Rucola
2 EL Zitronensaft
1 EL Balsamico bianco
1 EL Walnussöl
2 EL Granatapfelkerne
100 g Feta (Schafskäse)

Nährwerte pro Portion: ca. 480 kcal, 13 g EW, 41 g F, 11 g KH, 4 g BST

+ Den Backofen auf 220 °C vorheizen. Den Kürbis schälen, entkernen, in mundgerechte Stücke schneiden und in einer Schüssel mit 1 EL Olivenöl, Salz, Pfeffer und Pul Biber sorgfältig mischen. Die marinierten Kürbisstücke auf einem mit Backpapier belegten Backblech verteilen und im Ofen auf der mittleren Schiene etwa 20 Minuten backen, bis sie weich und leicht gebräunt sind. Aus dem Ofen nehmen und etwa 5 Minuten abkühlen lassen.

+ Inzwischen die Walnüsse in einer kleinen Pfanne ohne Fett goldbraun rösten. Auf einem Teller abkühlen lassen, dann hacken.

+ Den Rucola verlesen, waschen und trocken schütteln, grobe Stiele entfernen. In einer großen Schüssel den Zitronensaft mit Essig, Salz, Pfeffer, dem übrigen Olivenöl und dem Walnussöl verrühren. Kürbisstücke, Rucola und Granatapfelkerne dazugeben und alles gut mischen.

+ Den Salat auf Tellern anrichten. Den Feta zerbröckeln und mit den gerösteten Nüssen darüberstreuen. Am besten sofort servieren, da der Rucola durch die Wärme welk wird.

DIE ERNÄHRUNGS-DOCS

Wie in Möhren stecken auch im Kürbis viele Carotinoide. Zu diesen sekundären Pflanzenstoffen gehören Beta-Carotin, das im Körper in Vitamin A umgewandelt werden kann, Lutein und Zeaxanthin. Besonders das im Darm angesiedelte Immunsystem profitiert von den pflanzlichen Farbstoffen. Forscher vermuten, dass sie das Gleichgewicht der Darmbakterien positiv beeinflussen, die Schleimhäute stärken und die Barrierefunktion des Darms verbessern.

1 x Salat – 4 Dressings

Pimpen Sie Ihren Salat mit einer Sauce mit lebendigen Bakterienkulturen aus Joghurt, Kefir, Kombucha oder Miso. Das pusht das Mikrobiom und liefert in Kombination mit Salatblättern und Rohkost jede Menge Vitalstoffe.

MISO-TAHIN-SAUCE

Für 2 Portionen: **1 Knoblauchzehe** und **5 g Ingwer** schälen und in feine Würfel schneiden, beides mit **1 EL Misopaste, 1 EL Tahin, 2 EL Reisessig, 1 EL Sojasauce (z. B. Tamari), 1 EL hellem Sesamöl** und **4 EL heißem Wasser** in einen hohen Rührbecher geben und mit dem Stabmixer fein mixen. Hält sich gekühlt 3 bis 4 Tage.

Nährwerte pro Portion: ca. 130 kcal, 4 g EW, 11 g F, 4 g KH, 2 g BST

GEMISCHTER SALAT – BASISREZEPT

Für 2 Portionen: **200 g gemischte Blattsalate (z. B. Romana, Radicchio, Lollo rosso, Frisée, Rucola)** verlesen, waschen, trocken schleudern und zerpflücken. **75 g Champignons** und **50 g Radieschen** putzen, waschen und in dünne Scheiben schneiden. **1 Tomate** waschen, ohne Stielansatz in Spalten schneiden. **1 gelbe Spitzpaprikaschote** längs halbieren, entkernen, waschen und in feine Streifen schneiden. **2 Frühlingszwiebeln** putzen, waschen und in feine Ringe schneiden. Salatzutaten mit einem Dressing nach Wahl mischen.

ZITRUS-KOMBUCHA-VINAIGRETTE

Für 2 Portionen: **4 EL Orangensaft, 2 EL Zitronensaft, 60 ml Kombucha natur, 2 EL Weißweinessig, ½ TL scharfen Senf, Salz** und **Pfeffer aus der Mühle** verrühren. **3 EL Olivenöl** nach und nach unterschlagen. Hält sich gekühlt bis zu 2 Wochen.

Nährwerte pro Portion: ca. 150 kcal, 0,5 g EW, 15 g F, 4 g KH, 0 g BST

JOGHURT-KRÄUTER-DRESSING

Für 2 Portionen: **Je 2 Stiele Dill, Basilikum und Petersilie** waschen und trocken schütteln, die Blätter abzupfen und fein hacken. **125 g Naturjoghurt (3,5 % Fett)** mit **1 TL Mandelmus, 1 EL Zitronensaft, 2 bis 3 EL Wasser, Salz** und **Pfeffer aus der Mühle** sowie **je 1 EL Oliven- und Walnussöl** glatt rühren. Die Kräuter untermischen. Hält sich gekühlt 4 bis 5 Tage.

Nährwerte pro Portion: ca. 160 kcal, 3 g EW, 14 g F, 4 g KH, 0 g BST

HIMBEER-KEFIR-DRESSING

Für 2 Portionen: **3 Zweige Thymian** waschen, die Blättchen abstreifen. **60 g Himbeeren** verlesen, waschen und mit **2 EL Limettensaft, 125 ml Kefir (1,5 % Fett), 1 EL weißem Balsamicoessig** und **2 EL Olivenöl** in einem hohen Rührbecher mit dem Stabmixer fein pürieren. Das Dressing **salzen** und **pfeffern,** den Thymian unterheben. Hält sich gekühlt ca. 1 Woche.

Nährwerte pro Portion: ca. 160 kcal, 3 g EW, 12 g F, 6 g KH, 1,5 g BST

Schwarzwurzelsalat mit Eiersauce

Für 2 Personen
Zubereitung: 35 Minuten

2 EL Zitronensaft
Salz
400 g Schwarzwurzeln
2 hart gekochte Eier (Größe M)
1 TL scharfer Senf
100 g Naturjoghurt (1,5 % Fett)
6 EL Rapsöl
Pfeffer aus der Mühle
1 EL kleine Kapern (z. B. Nonpareilles)
½ Bund Schnittlauch
100 g Feldsalat
1 Möhre
2 EL Weißweinessig

Nährwerte pro Portion: ca. 460 kcal, 12 g EW, 37 g F, 9 g KH, 23 g BST

+ In einem Topf 1 l Wasser mit Zitronensaft und ½ TL Salz verrühren. Die Schwarzwurzeln waschen und schälen, dabei am besten Einweghandschuhe tragen, da der Schwarzwurzelsaft die Hände verfärbt. Die Schwarzwurzeln quer halbieren, in das Zitronenwasser legen, einmal aufkochen und bei mittlerer Hitze etwa 10 Minuten bissfest garen. Dann abgießen, kalt abschrecken und gut abtropfen lassen.

+ Inzwischen die Eier pellen und halbieren. Das Eigelb auslösen, mit dem Senf und dem Joghurt in einem hohen Rührbecher mit dem Stabmixer pürieren, dabei 4 EL Öl nach und nach unterschlagen, bis die Sauce dicklich ist. Mit Salz und Pfeffer würzen. Die Eiweiße und die Kapern fein hacken. Den Schnittlauch waschen, trocken schütteln und in feine Röllchen schneiden. Alles unter die Sauce mischen.

+ Den Feldsalat verlesen, waschen und trocken schleudern. Die Möhre putzen, schälen und in feine Stifte schneiden. Den Essig, 2 EL Wasser, Salz, Pfeffer und das übrige Öl verrühren. Feldsalat und Möhrenstifte unter die Vinaigrette heben und auf Teller verteilen. Die Schwarzwurzeln daneben anrichten und mit der Eiersauce überziehen.

DIE ERNÄHRUNGS-DOCS

Schwarzwurzeln strotzen nur so vor Nährstoffen und sind mit 17 Kalorien pro 100 Gramm sehr figurfreundlich. Das liegt auch an ihrem hohen Inulingehalt: Der lösliche Ballaststoff besteht aus verknüpften Fruktosebausteinen, die im Dünndarm nicht aufgespalten werden können und unverändert in den Dickdarm gelangen. Dort dienen sie den Bakterien als Nahrung. Davon profitieren Bificobakterien und spezielle Keime, die Fettpölsterchen verhindern können.

Quinoa-Bowl nach Taboulé-Art

Für 2 Personen
Zubereitung: 35 Minuten

100 g helle Quinoa
½ TL Pul Biber (scharfe Paprikaflocken)
Salz
2 Tomaten
1 Mini-Salatgurke
1 gelbe Spitzpaprikaschote
1 Frühlingszwiebel
1 Bund Petersilie
1 Stiel Minze
1 Bio-Zitrone
Pfeffer aus der Mühle
4 ½ EL Olivenöl
100 g Halloumi (Grillkäse)

Nährwerte pro Portion: ca. 630 kcal, 22 g EW, 41 g F, 39 g KH, 7 g BST

+ Die Quinoa in einem Sieb mit heißem Wasser waschen und abtropfen lassen. In einem kleinen Topf 250 ml Wasser, Pul Biber und Salz kurz aufkochen. Die Quinoa dazugeben, verrühren und zugedeckt bei schwacher bis mittlerer Hitze 10 bis 12 Minuten garen. Danach auf der abgeschalteten Herdplatte zugedeckt weitere 15 Minuten quellen lassen.

+ Inzwischen die Tomaten waschen und halbieren, dabei die Stielansätze entfernen. Die Gurke schälen. Die Spitzpaprika längs halbieren, entkernen und waschen. Alles in kleine Würfel schneiden. Die Frühlingszwiebel putzen, waschen und in feine Ringe schneiden. Die Petersilie und die Minze waschen und trocken schütteln, die Blätter abzupfen und fein hacken.

+ Für das Dressing die Zitrone heiß waschen und trocken reiben, 1 TL Schale fein abreiben und den Saft auspressen. Beides mit Salz, Pfeffer und 4 EL Öl verquirlen.

+ Den Halloumi trocken tupfen, in etwa 1 ½ cm große Würfel schneiden und in einer kleinen Pfanne im übrigen Öl bei mittlerer Hitze rundum 3 bis 4 Minuten leicht braun anbraten. Dann herausnehmen.

+ Die Quinoa mit der Hälfte der Kräuter mischen und auf Schalen verteilen. Tomaten-, Gurken-, Paprika- und Halloumiwürfel in Grüppchen nebeneinander darauf verteilen und mit dem Dressing übergießen. Mit den Frühlingszwiebelringen und den restlichen Kräutern bestreuen.

Kartoffel-Artischocken-Salat

Für 2 Personen
Zubereitung: 1 Stunde

40 g Beluga-Linsen
Salz
100 ml Gemüsebrühe
2 EL Weißweinessig
Pfeffer aus der Mühle
4 EL Leinöl
2 Frühlingszwiebeln
200 g kleine Pellkartoffeln (z. B. Drillinge; vom Vortag)
50 g grüne Bohnen
1 Möhre
50 g tiefgekühlte Erbsen
120 g Artischockenherzen (aus der Dose)
2 EL gehackte Petersilie

Nährwerte pro Portion: ca. 390 kcal, 11 g EW, 22 g F, 29 g KH, 14 g BST

+ Die Linsen in einem Topf in leicht gesalzenem Wasser 20 bis 25 Minuten gar kochen.

+ Inzwischen die Brühe erhitzen, mit dem Essig, ¼ TL Salz und Pfeffer verrühren, lauwarm abkühlen lassen, dann das Öl unterrühren. Die Linsen abgießen und abtropfen lassen. Die Frühlingszwiebeln putzen und waschen, das Weiße und Hellgrüne in feine Scheiben schneiden. Die Kartoffeln mit Schale halbieren oder vierteln, mit den Frühlingszwiebeln und den Linsen ins Dressing geben, vorsichtig mischen und beiseitestellen.

+ Die Bohnen putzen, waschen und quer halbieren. Die Möhre putzen, schälen und schräg in etwa ½ cm dicke Scheiben schneiden. Die Bohnen in reichlich kochendem Salzwasser etwa 7 Minuten garen, nach etwa 4 Minuten die Möhrenscheiben und nach weiteren 2 Minuten die Erbsen dazugeben. Abgießen, kalt abschrecken, gut abtropfen lassen und vorsichtig unter den Kartoffelsalat heben.

+ Artischockenherzen abgießen, abtropfen lassen, vierteln und mit der Hälfte der Petersilie unterheben. Den Salat mit Salz und Pfeffer würzen und zum Servieren mit der übrigen Petersilie bestreuen.

DIE ERNÄHRUNGS-DOCS

Kochen Sie Kartoffeln am besten immer gleich in doppelter Menge, lassen Sie den Rest über Nacht abkühlen und essen Sie die Knollen wie hier als Salat. In den gekochten Kartoffeln verändert die enthaltene Stärke ihre Struktur: In 12 bis 24 Stunden entsteht resistente Stärke. Sie zählt zu den Ballaststoffen und wird im Dickdarm von den nützlichen Milchsäurebakterien zur kurzkettigen Fettsäure Butyrat abgebaut, die unsere Darmschleimhaut vor Entzündungen schützt.

Steckrübenrösti mit Endiviensalat

Für 2 Personen
Zubereitung: 40 Minuten

300 g Steckrüben
1 Ei (Größe M)
20 g Dinkelvollkornmehl
Salz, Pfeffer aus der Mühle
frisch geriebene Muskatnuss
½ TL abgeriebene Bio-Zitronenschale
4 EL Rapsöl
150 g Endiviensalat
½ Bund Schnittlauch
1 Bio-Orange
125 g Speisequark (20 % Fett i. Tr.)
1 EL Zitronensaft
1 TL scharfer Senf

Nährwerte pro Portion: ca. 420 kcal, 16 g EW, 27 g F, 23 g KH, 8 g BST

+ Den Backofen auf 100 °C vorheizen. Steckrüben putzen, schälen, fein raspeln und mit dem Ei und dem Mehl in eine Schüssel geben. Mit Salz, Pfeffer, Muskatnuss und Zitronenschale würzen und alles gut vermischen.

+ Das Öl in einer großen Pfanne erhitzen, die Röstimasse esslöffelweise in die Pfanne setzen, flach drücken und bei mittlerer Hitze auf beiden Seiten jeweils 4 bis 5 Minuten goldbraun braten. Fertige Rösti herausnehmen, auf Küchenpapier kurz abtropfen lassen und im Ofen warm halten.

+ Inzwischen den Endiviensalat verlesen, waschen, trocken schleudern und in etwa 1 ½ cm breite Streifen schneiden. Den Schnittlauch waschen, trocken schütteln und in feine Röllchen schneiden. Die Orange so schälen, dass auch die weiße Haut vollständig mit entfernt wird. Die Fruchtfilets zwischen den Trennhäuten herausschneiden, dabei den abtropfenden Saft auffangen, die Orangenreste ausdrücken.

+ Quark mit 4 EL Orangensaft, Zitronensaft, 3 EL Wasser und Senf in einer Schüssel verrühren, mit Salz und Pfeffer würzen. Salat, Orangenfilets und Schnittlauchröllchen – bis auf 1 EL – mit dem Dressing mischen, mit den Rösti auf Tellern anrichten und mit dem übrigen Schnittlauch bestreuen.

DIE ERNÄHRUNGS-DOCS

Unscheinbare Powerknollen: Steckrüben sind ein kalorienarmes Wintergemüse, das voller Vitamine (B1, B2, C) und Mineralstoffe (Kalzium, Kalium, Magnesium) steckt. Sekundäre Pflanzenstoffe wie Glucosinolate und Polyphenole schützen vor Infektionen und Entzündungen. Dank ihres hohen Gehalts an Carotinoiden haben Steckrüben zudem starke antioxidative und immunstärkende Eigenschaften. Und ihre ätherischen Öle beruhigen Magen und Darm.

Scharfe Wassermelonen-Gazpacho

Für 2 Personen
Zubereitung: 30 Minuten
Kühlen: 2 Stunden

300 g Tomaten
1 gelbe Spitzpaprikaschote
½ Salatgurke (ca. 200 g)
Salz, Pfeffer aus der Mühle
250 g Wassermelone
1 Schalotte
½ rote Pfefferschote (Peperoni)
25 g gemahlene Mandeln
1 ½ EL Rotweinessig
3 EL Olivenöl
30 g Mandelkerne

Nährwerte pro Portion: ca. 380 kcal, 10 g EW, 30 g F, 14 g KH, 7 g BST

+ Tomaten waschen und vierteln, dabei die Stielansätze entfernen. Ein Tomatenviertel entkernen und in kleine Würfel schneiden. Die Paprika längs halbieren, entkernen und waschen. Die Gurke putzen, waschen und streifig schälen. Von der Paprika und der Gurke jeweils 50 g abschneiden und in kleine Würfel, den Rest grob in Stücke schneiden. Das gewürfelte Gemüse mit Salz und Pfeffer würzen und zugedeckt kühl stellen.

+ Die Melone entkernen, das Fruchtfleisch von der Schale und in grobe Stücke schneiden. Die Schalotte schälen, die Pfefferschote putzen und waschen. Beides grob in Würfel schneiden.

+ Alle vorbereiteten Zutaten – bis auf die Gemüsewürfel – in den Küchenmixer geben. Die gemahlenen Mandeln, den Essig und 2 EL Öl hinzufügen und alles sehr fein pürieren. Bei Bedarf noch 2 bis 3 EL Wasser untermischen. Die Gazpacho mit Salz und Pfeffer abschmecken und zugedeckt etwa 2 Stunden kühl stellen.

+ Die Mandeln hacken, in einer Pfanne bei mittlerer Hitze ohne Fett rösten und auf einem Teller abkühlen lassen.

+ Die Gazpacho noch mal durchrühren und auf Schalen oder tiefe Teller verteilen. Mit den Gemüsewürfeln, den gerösteten Mandeln und etwas Pfeffer bestreuen und mit dem übrigen Öl beträufeln.

Wirsingsuppe mit Kichererbsen

Für 2 Personen
Zubereitung: 30 Minuten

300 g Wirsing
1 Zwiebel
2 EL Olivenöl
Salz, Pfeffer aus der Mühle
600 ml Gemüsebrühe
125 g Kichererbsen (aus der Dose)
½ Bio-Zitrone
2 Zweige Majoran
4 Stiele Petersilie
20 g Walnusskerne
frisch geriebene Muskatnuss

Nährwerte pro Portion: ca. 355 kcal, 10 g EW, 25 g F, 18 g KH, 8 g BST

+ Den Wirsing putzen, waschen, vom Strunk befreien und in etwa 2 cm breite Streifen schneiden. Die Zwiebel schälen und in feine Würfel schneiden. Das Öl in einem Topf erhitzen und die Zwiebel darin bei mittlerer Hitze glasig dünsten. Den Wirsing dazugeben und unter Wenden 2 bis 3 Minuten mitdünsten. Mit Salz und Pfeffer würzen und die Brühe angießen. Aufkochen und dann zugedeckt bei mittlerer Hitze etwa 10 Minuten köcheln lassen.

+ Inzwischen die Kichererbsen in ein Sieb abgießen, kalt abbrausen und abtropfen lassen. Nach 10 Minuten Garzeit zur Suppe geben und bei schwacher Hitze etwa 10 Minuten weiterköcheln lassen.

+ Die Zitrone heiß waschen, trocken reiben, die Schale mit dem Sparschäler dünn abschälen und sehr klein schneiden. Den Majoran und die Petersilie waschen und trocken schütteln, die Blätter abzupfen und fein hacken. Die Nüsse fein hacken, mit der Zitronenschale und den Kräutern mischen.

+ Die Suppe vom Herd nehmen und mit dem Stabmixer cremig-fein pürieren. Mit Salz, Pfeffer und Muskatnuss abschmecken. Die Suppe in tiefen Tellern anrichten und mit der Zitronen-Gremolata bestreuen.

DIE ERNÄHRUNGS-DOCS

Fertige Gemüsebrühe enthält oft wenig Gemüse, aber viel Salz und Geschmacksverstärker wie Zucker oder Glutamat. Am besten ist es, eine Brühe mit frischem Gemüse und Kräutern selbst zu kochen oder auf eine Bio-Gemüsebrühe ohne Zusätze zurückzugreifen. Nimmt man diese als Basis für eine Suppe, wird der Magen-Darm-Trakt entlastet. Der Energieaufwand für die Verdauung ist gering, das Mikrobiom und unsere Abwehrkräfte werden gestärkt.

Winterwurzelsuppe mit Cashews

Für 2 Personen
Zubereitung: 45 Minuten

200 g Topinambur
150 g Knollensellerie
100 g Möhren
1 Zwiebel
10 g Ingwer
1 EL natives Kokosöl
1 TL scharfes Currypulver
600 ml Gemüsebrühe
2 EL geröstete Cashewkerne
10 Stiele Koriandergrün
1 TL abgeriebene Bio-Limettenschale
50 g rote Linsen
Salz, Pfeffer aus der Mühle

Nährwerte pro Portion: ca. 350 kcal, 11 g EW, 19 g F, 23 g KH, 19 g BST

+ Topinambur, Sellerie und Möhren putzen, schälen und in etwa 1 cm große Würfel schneiden. Zwiebel und Ingwer schälen und in feine Würfel schneiden.

+ Das Öl in einem Topf erhitzen, Zwiebel und Ingwer darin bei mittlerer Hitze etwa 3 Minuten dünsten. Das Wurzelgemüse dazugeben und 3 bis 4 Minuten mitdünsten. Currypulver darüberstäuben, kurz andünsten und die Brühe hinzufügen. Aufkochen und dann zugedeckt bei schwacher Hitze etwa 20 Minuten köcheln lassen.

+ Inzwischen die Cashewkerne in einer Pfanne ohne Fett hellbraun rösten. Vom Herd nehmen, abkühlen lassen und hacken. Den Koriander waschen, trocken schütteln, die Blätter abzupfen und – bis auf ein paar Blätter zum Garnieren – fein hacken. Die Cashewkerne mit dem Koriander und der Limettenschale mischen.

+ Die Linsen in die Suppe geben und etwa 3 Minuten mitgaren. Die Suppe vom Herd nehmen, mit dem Stabmixer fein pürieren und mit Salz und Pfeffer abschmecken. Die Suppe in Schalen oder tiefen Tellern anrichten, das Topping darauf verteilen und mit dem übrigen Koriander bestreuen.

DIE ERNÄHRUNGS-DOCS

Diese Knolle hat es in sich! Sellerie ist reich an Vitaminen, Kalzium und Kalium und sorgt dafür, dass nicht zu viel Magensäure produziert wird – das schützt die Verdauungsorgane. Außerdem enthält er eine Menge entzündungshemmender Antioxidantien und Polyphenole, die die Blutgefäße geschmeidig halten. Wegen seines hohen Gehalts an faserigen Ballaststoffen regt Sellerie den Darm an, verhindert Verstopfung und Sodbrennen und fördert eine gesunde Darmflora.

Fermentiertes Gemüse

Fermentiertes sorgt für einen gesunden Darm und hält das Körpergewicht im Lot. Daher empfiehlt es sich, von Milchsäurebakterien vergorenes Gemüse regelmäßig zu essen – am besten in kleinen Portionen von zwei Esslöffeln pro Mahlzeit.

FERMENTIEREN – SO GELINGT'S

Gemüse wie Weiß- und Rotkohl, Chinakohl, Rote Bete, Möhren, Gurken, Rettich, Radieschen oder Blumenkohl je nach Sorte putzen, waschen oder schälen und in feine Streifen schneiden oder grob zerkleinern. Mit **Salz** (auf 100 g Gemüse kommen 1,5 g Salz) und **Gewürzen nach Wahl** verkneten und in ein Glas mit Bügel- oder Schraubverschluss schichten. Dabei einen 3 bis 4 cm breiten Rand frei lassen. Alternativ: Das Gemüse und die Gewürze in ein Glas schichten und mit einer Salzlake übergießen (2 g Salz pro 100 ml Wasser).

Die Oberfläche mit Frischhaltefolie abdecken und beschweren (z. B. mit einem sauberen Stein oder Glasmurmeln in Frischhaltefolie) und das Glas verschließen. Das Gemüse mindestens 4 Tage bei Zimmertemperatur stehen lassen. Sobald Bläschen aufsteigen (dann beginnt die Fermentation), das Glas täglich einmal kurz öffnen, damit die Gärgase entweichen können.

Das Gemüse verschlossen in demselben Glas im Kühlschrank 2 bis 3 Wochen fermentieren und reifen lassen. Anschließend das Gemüse nach Bedarf mit einem sauberen Löffel entnehmen. Nach dem Öffnen im Kühlschrank aufbewahren. Das Gemüse hält sich mehrere Wochen bis Monate. Sie können es in kleinen Mengen pur essen, als Zutat für Suppen und Eintöpfe verwenden oder als Beilage zu Asiagerichten servieren.

ROTES SAUERKRAUT

Für 1 Glas (ca. 1½ l Inhalt): **1 kg Rotkohl** putzen, waschen und in feine Streifen schneiden oder hobeln, dabei den Strunk entfernen. In einer großen Schüssel mit **7,5 g Salz (= 2 TL)** bestreuen und etwa 5 Minuten kneten. Dann **1 TL Kümmel, 3 Wacholderbeeren** und **2 Lorbeerblätter** untermischen. Das Glas mit dem Kraut portionsweise füllen und festdrücken. Wie links beschrieben fermentieren. Das Kraut hält sich gekühlt 3 bis 4 Monate.

Nährwerte pro Portion (bei 8 Portionen): ca. 30 kcal, 2 g EW, 0 g F, 4 g KH, 2,5 g BST

DILL-GÜRKCHEN

Für 2 Gläser (à ca. ½ l Inhalt): **500 g kleine Einlegegurken** waschen, die Enden abschneiden. **1 Zwiebel** schälen, vierteln und fein schneiden. **1 Bund Dill** waschen, trocken schütteln, Spitzen abzupfen und grob hacken. Zwiebel, Dill und **1 TL schwarze Pfefferkörner** mit den Gurken in die Gläser schichten. **10 g Salz** in **½ l Wasser** auflösen und darübergießen, wie links beschrieben fermentieren. Die Gurken halten sich gekühlt 2 bis 3 Monate.

Nährwerte pro Portion (bei 8 Portionen): ca. 15 kcal, 1 g EW, 0 g F, 2 g KH, 1 g BST

BLUMENKOHL-PICKLES

Für 1 Glas (ca. 1 l Inhalt): **300 g Blumenkohl (ohne Strunk), 150 g Möhren** und **1 rote Zwiebel** schälen und klein schneiden. **1 TL Kurkumapulver, 2 getrocknete rote Chilischoten** und **je 1 TL schwarze Pfeffer-, Koriander- und gelbe Senfkörner** mischen. Gemüse mit der Gewürzmischung ins Glas schichten. **10 g Salz** in **½ l Wasser** auflösen und darübergießen. Wie links beschrieben fermentieren. Die Pickles halten sich gekühlt 3 bis 4 Monate.

Nährwerte pro Portion (bei 8 Portionen): ca. 20 kcal, 1 g EW, 0,5 g F, 3 g KH, 2 g BST

Fischsuppe mit Olivenpesto

Für 2 Personen
Zubereitung: 50 Minuten

½ Bund Petersilie
1 kleine Knoblauchzehe
50 g grüne Oliven (mit Stein)
20 g geschälte gehackte Mandeln
1 EL Zitronensaft
2 EL Olivenöl
Salz, Pfeffer aus der Mühle
1 dünne Stange Lauch (ca. 130 g)
150 g Möhren
100 g Staudensellerie
1 Dose Kirschtomaten (400 g; ersatzweise stückige Tomaten)
200 ml Gemüsebrühe
200 g Bachsaiblings- oder Forellenfilet (ohne Haut)
125 g Kabeljaufilet
100 g Garnelen (ohne Kopf; geschält)

Nährwerte pro Portion: ca. 480 kcal, 46 g EW, 25 g F, 12 g KH, 8 g BST

+ Für das Pesto die Petersilie waschen und trocken schütteln, die Blätter abzupfen und hacken. Den Knoblauch schälen und hacken. Das Fruchtfleisch der Oliven vom Stein schneiden. Alles mit den Mandeln, dem Zitronensaft und 1 EL Öl im Blitzhacker fein pürieren. Das Pesto mit Salz und Pfeffer würzen.

+ Den Lauch putzen und waschen, das Weiße und Hellgrüne schräg in etwa 1 cm breite Scheiben schneiden. Die Möhren putzen, schälen, längs halbieren und schräg in etwa 1 cm breite Stücke schneiden. Den Sellerie putzen, waschen und in 1 cm breite Scheiben schneiden.

+ Das übrige Öl in einem Topf erhitzen, das Gemüse darin etwa 3 Minuten andünsten und mit Salz und Pfeffer würzen. Die Tomaten und die Brühe dazugeben, aufkochen und dann zugedeckt bei mittlerer Hitze 10 bis 15 Minuten garen.

+ Inzwischen die Fischfilets waschen, trocken tupfen und in mundgerechte Stücke schneiden. Die Garnelen in einem Sieb waschen und abtropfen lassen. Beides in der Suppe offen bei schwacher bis mittlerer Hitze 7 bis 10 Minuten gar ziehen lassen. Die Fischsuppe noch mal abschmecken und in tiefen Tellern mit der Olivenpaste anrichten.

DIE ERNÄHRUNGS-DOCS

Magere Fische wie Kabeljau, Seelachs und Forelle, aber auch Garnelen sind gut bekömmlich und leicht verdaulich, da sie im Gegensatz zu Fleisch fast kein Bindegewebe besitzen. Neben hochwertigem Eiweiß liefern sie wichtige Vitamine, Mineralstoffe und Spurenelemente wie Jod (Kabeljau ist einer der jodreichsten Seefische!) und Selen, das antioxidativ wirkt und die Zellen schützt.

Bohnen-Matjes-Salat

Für 2 Personen
Zubereitung: 35 Minuten

150 g grüne Bohnen
Salz
½ TL getrocknetes Bohnenkraut
150 g weiße Bohnen (aus der Dose)
1 kleine rote Zwiebel
4 EL Weißweinessig
Pfeffer aus der Mühle
2 EL Rapsöl
½ Bund Radieschen (ca. 150 g)
½ Bund Schnittlauch
200 g Matjesfilets
2 EL saure Sahne (10 % Fett)

Nährwerte pro Portion: ca. 500 kcal, 24 g EW, 38 g F, 15 g KH, 4 g BST

+ Die grünen Bohnen putzen, waschen und quer halbieren. In kochendem Salzwasser mit dem Bohnenkraut etwa 8 Minuten garen, abgießen, kalt abschrecken und gut abtropfen lassen. Die weißen Bohnen in ein Sieb abgießen, kurz abbrausen und ebenfalls gut abtropfen lassen.

+ Die Zwiebel schälen und in feine Würfel schneiden. Den Essig, 4 EL Wasser, etwas Salz und Pfeffer in einer Schüssel verrühren. Beide Bohnensorten sowie die Zwiebelwürfel untermischen und mindestens 10 Minuten durchziehen lassen, dann das Öl unterziehen.

+ Inzwischen die Radieschen putzen und waschen, 6 mittelgroße Blätter abzupfen, trocken tupfen und grob hacken. Radieschen in dünne Scheiben schneiden. Den Schnittlauch waschen, trocken schütteln und in feine Röllchen schneiden. Matjesfilets schräg in etwa 3 cm breite Stücke schneiden.

+ Die Radieschen, die Kräuter und den Matjes unter die Bohnen mischen und den Salat auf Tellern anrichten. Mit je 1 EL saurer Sahne toppen. Dazu passt pro Portion 1 kleine Scheibe Pumpernickel. Dann ist das Gericht allerdings nicht mehr glutenfrei.

DIE ERNÄHRUNGS-DOCS

Weiße Bohnen liefern eine Menge Ballaststoffe, die unverdaut in den Darm gelangen, um dort von den Bakterien fermentiert zu werden. Dabei entsteht eine entzündungshemmende Substanz, die ein abnormales Zellwachstum bekämpft und das Darmkrebsrisiko verringert. Bestimmte Kohlenhydrate in den Bohnen, sogenannte Oligosaccharide, werden im Darm in Gase umgewandelt. Das kann zu Blähungen führen. Bei regelmäßigem Verzehr von kleinen Mengen Hülsenfrüchten gewöhnt sich der Darm aber an diese Ballaststoffe.

Garnelen-Gemüse-Pfanne

Für 2 Personen
Zubereitung: 40 Minuten
Marinieren: 30 Minuten

300 g rohe Garnelen (ohne Kopf; geschält)
1 rote Chilischote
1 EL Zitronensaft
½ TL Kurkumapulver
Salz
1 Zucchini (ca. 150 g)
1 kleine gelbe Paprikaschote
125 g Cocktailtomaten
4 Frühlingszwiebeln
10 g Ingwer
1 Knoblauchzehe
2 EL helles Sesamöl
2 EL Sojasauce (z. B. Tamari)
6 Stiele Koriandergrün
1 EL ungeschälte Sesamsamen

Nährwerte pro Portion: ca. 350 kcal, 34 g EW, 16 g F, 14 g KH, 6 g BST

+ Die Garnelen waschen und trocken tupfen. Die Chilischote längs halbieren, nach Belieben entkernen, waschen und in feine Würfel schneiden. Mit Zitronensaft, Kurkuma und etwas Salz verrühren. Mit den Garnelen mischen und diese etwa 30 Minuten marinieren.

+ Zucchini putzen und waschen. Die Paprika längs halbieren, entkernen und waschen. Beides in etwa 1 cm große Würfel schneiden. Die Tomaten waschen und halbieren. Die Frühlingszwiebeln putzen, waschen und in feine Ringe schneiden. Ingwer und Knoblauch schälen und in feine Würfel schneiden.

+ Das Öl im Wok oder in einer Pfanne erhitzen. Die Garnelen trocken tupfen und im Öl bei starker Hitze etwa 4 Minuten unter Rühren braten, herausnehmen. Danach Ingwer, Knoblauch und Frühlingszwiebeln im übrigen Bratfett bei mittlerer Hitze 2 bis 3 Minuten anbraten. Die Zucchini und Paprika dazugeben und etwa 4 Minuten weiterbraten, mit Sojasauce und Pfeffer würzen. Tomaten, Garnelen und die übrige Marinade untermischen, 2 bis 3 Minuten köcheln.

+ Den Koriander waschen und trocken schütteln, die Blätter abzupfen. Die Garnelen-Gemüse-Pfanne auf Tellern anrichten und mit Koriander und Sesam bestreuen.

DIE ERNÄHRUNGS-DOCS

Würzen Sie öfter mit Ingwer und Kurkuma! Beide zählen zu den besten Entzündungsblockern. Verantwortlich für diese Wirkung sind verschiedene Verbindungen wie Curcumin in der Gelbwurz sowie Gingerole und Shogaole in der Ingwerwurzel. Die Schutzstoffe senken den Level für oxidativen Stress. Das bietet dem Darm einen optimalen Schutz vor freien Radikalen und Zellschäden.

Kohlrabi-Carpaccio mit Putenbrust

Für 2 Personen
Zubereitung: 30 Minuten

20 g Ingwer
1 Bio-Limette
1 EL Sojasauce (z. B. Tamari)
1 EL Chilisauce
2 EL Olivenöl
Salz, Pfeffer aus der Mühle
1 kleiner Kohlrabi (ca. 250 g)
200 g frische Ananas
2 Frühlingszwiebeln
100 g gegarter Putenbrustaufschnitt
20 g Erdnusskerne (ohne Salz)
15 g Alfalfa-Sprossen

Nährwerte pro Portion: ca. 310 kcal, 18 g EW, 17 g F, 18 g KH, 4 g BST

+ Den Ingwer schälen und in feine Würfel schneiden. Die Limette heiß waschen, trocken reiben, ½ TL Schale abreiben und 2 EL Limettensaft auspressen. Ingwer, Limettenschale und -saft mit der Soja- und Chilisauce sowie dem Öl in einem hohen Rührbecher mit dem Stabmixer fein pürieren. Die Marinade mit Salz und Pfeffer würzen.

+ Den Kohlrabi putzen, schälen und in sehr feine Scheiben schneiden oder hobeln. Die Ananas schälen und in feine Scheiben schneiden. Frühlingszwiebeln putzen, waschen und in feine Ringe schneiden.

+ Zwei Teller mit etwas Marinade bestreichen, die Kohlrabi-, Ananas- und Putenbrustscheiben abwechselnd und leicht überlappend darauf auslegen. Das Carpaccio mit den Frühlingszwiebeln bestreuen und mit der übrigen Marinade beträufeln.

+ Die Erdnüsse grob hacken. Die Sprossen in einem Sieb kurz abbrausen und gut abtropfen lassen. Beides auf das Carpaccio streuen.

DIE ERNÄHRUNGS-DOCS

Frische Ananas kurbelt die Verdauung an und kann gleichermaßen bei Verstopfung und Durchfall helfen. Dazu trägt vor allem das enthaltene Bromelain bei. Dieser Mix aus zwei Enzymen ist für die Aufspaltung und Verwertbarkeit der Eiweiße im Essen verantwortlich. Darüber hinaus hat Bromelain einen entzündungshemmenden Effekt, es stärkt das Immunsystem und wirkt Beschwerden und Krankheiten im Verdauungstrakt entgegen.

Brathähnchen-Brokkoli-Salat

Für 2 Personen
Zubereitung: 40 Minuten

300 g Brokkoli
100 g rote und gelbe Cocktailtomaten
200 g Hähnchenbrustfilet
Salz, Pfeffer aus der Mühle
5 EL Olivenöl
½ TL Pul Biber (scharfe Paprikaflocken)
15 g Pinienkerne
30 g schwarze Oliven (ohne Stein)
75 g Babyleaf-Salat (z. B. Mangold, Rote Bete, Spinat, Rucola)
2 EL Balsamico bianco
1 EL Weißweinessig
1 TL mittelscharfer Senf

Nährwerte pro Portion: ca. 490 kcal, 31 g EW, 36 g F, 9 g KH, 6 g BST

+ Den Brokkoli putzen, waschen und in kleine Röschen teilen, die Stiele schälen und in kleine Würfel schneiden. Die Tomaten waschen und halbieren. Das Hähnchenfilet waschen, trocken tupfen und mit Salz und Pfeffer würzen.

+ In einer Pfanne 2 EL Öl erhitzen, das Fleisch darin bei mittlerer bis starker Hitze auf beiden Seiten etwa 14 Minuten braten. Aus der Pfanne nehmen und zugedeckt 10 Minuten ruhen lassen. Inzwischen den Brokkoli im übrigen Bratfett bei mittlerer Hitze 8 bis 9 Minuten unter Rühren braten, mit Salz und Pul Biber würzen. Vom Herd nehmen.

+ Pinienkerne in einer Pfanne ohne Fett goldbraun rösten, vom Herd nehmen und mit den Oliven grob hacken. Beides mit 1 EL Öl mischen und mit Salz und Pfeffer würzen.

+ Den Salat verlesen, waschen und trocken schleudern. Für die Vinaigrette beide Essigsorten, 4 EL Wasser, Senf, Salz und Pfeffer verrühren, das übrige Öl unterschlagen.

+ Das Hähnchenfleisch schräg in dünne Scheiben schneiden. Mit dem Salat, dem Brokkoli und den Tomaten auf Tellern anrichten. Mit der Vinaigrette beträufeln und den Oliven-Pinienkern-Mix darüberbestreuen.

DIE ERNÄHRUNGS-DOCS

Es sind seine ätherischen Öle, die Senf so gesund machen. Sie wirken appetitanregend, verdauungsfördernd, entzündungshemmend sowie antibakteriell und hemmen das Wachstum von „bösen" Bakterien, Viren und Pilzen. Der Scharfmacher gilt daher als eine Art pflanzliches Antibiotikum, das im Unterschied zu Arzneimitteln den Magen und die Darmflora nicht beeinträchtigt. Geben Sie also beim Kochen öfter mal (Ihren) Senf dazu!

Unsere Haferkur

Ob Sie eine Haferkur alle zwei Monate wiederholen oder jede Woche einen Hafertag einlegen: So können Sie eine Ernährungsumstellung einleiten oder unterstützen – und auch abnehmen. Die Kalorien sind an den Hafertagen auf 800 bis 1000 reduziert.

Bereits Anfang des 20. Jahrhunderts entwickelte der deutsche Internist Carl von Norden die bekannten stoffwechselwirksamen „Hafertage“. Beta-Glucan im Hafer spielt dabei eine wichtige Rolle: Der lösliche Ballaststoff wirkt regulierend auf den Blutzuckerspiegel, den Fettstoffwechsel und die Insulinresistenz und hat als Präbiotikum einen positiven Effekt auf das Mikrobiom: Der Anteil der Lactobazillen und Bifidobakterien erhöht sich – wie Studien zeigen. Egal, ob streng oder gemäßigt: Eine Haferkur sollten Sie bitte nur nach ärztlicher Absprache durchführen!

Strenge Hafertage

Die klassische Haferkur ist kinderleicht umsetzbar: An zwei bis drei, maximal vier Tagen isst man dreimal täglich **75 Gramm Haferflocken,** die wahlweise mit Wasser oder fettfreier Gemüsebrühe zubereitet werden. Nur Kräuter und Gewürze nach Geschmack dürfen die Haferspeisen bereichern. Wem das zu puristisch ist, kann mit Hafertagen in einer gemäßigten Form (siehe rechts) starten. Zusätzlich mindestens 2 Liter Flüssigkeit pro Tag trinken, am besten kalziumreiches Mineralwasser. Hier zwei Porridge-Ideen für jeweils 1 Person:

Gewürz-Basilikum-Porridge

75 g zarte Haferflocken in einem Topf ohne Fett bei mittlerer Hitze rösten, bis sie duften. **½ Vanilleschote** aufschneiden, das Mark herauskratzen und beides mit **¼ TL Zimtpulver** und **je 1 Msp. Nelken- und Kardamompulver** zum Hafer geben. Mit **½ l heißem Wasser** aufgießen, unter Rühren aufkochen, dann zugedeckt bei schwacher Hitze etwa 10 Minuten quellen lassen. Haferbrei vom Herd ziehen, **2 EL grob gehacktes Basilikum** untermischen.

Nährwerte pro Portion: ca. 290 kcal, 10 g EW, 5 g F, 46 g KH, 8 g BST, ***2,7g Beta-Glucan***

Kurkuma-Chili-Porridge

75 g kernige Haferflocken in einem Topf ohne Fett bei mittlerer Hitze rösten. **Je ½ TL Kurkuma- und Chilipulver** dazugeben, mit **½ l fettfreier Gemüsebrühe** aufgießen. Unter Rühren kurz aufkochen, anschließend zugedeckt bei schwacher Hitze etwa 10 Minuten quellen lassen. **Je 6 Stiele Petersilie und Koriandergrün** waschen, trocken schütteln, die Blätter abzupfen und fein hacken. Den Haferbrei vom Herd ziehen und die Kräuter untermischen.

Nährwerte pro Portion: ca. 300 kcal, 11 g EW, 5 g F, 46 g KH, 8 g BST, ***2,7g Beta-Glucan***

Gemäßigte Hafertage

Wer zwei bis maximal vier Hafertage durchhalten möchte, braucht geschmackliche Abwechslung. Hier finden Sie drei Tagespläne für eine gemäßigte Version mit drei Hauptmahlzeiten und jeweils **75 g Haferflocken** oder **40 g Haferflocken plus 20 g Haferkleie/-flocken** als Basis. Neben **Kräutern** und **Gewürzen** können Sie die Gerichte zusätzlich noch mit **100 g kohlenhydratarmem Gemüse** oder **50 g Beeren** und **10 g Nüssen** pro Tag aufpeppen. Die Rezeptideen sind jeweils für 1 Person.

1. Tag

Morgens: Vanille-Himbeer-Porridge

½ **Vanilleschote** längs aufschneiden, das Mark herauskratzen und beides mit **75 g zarten Haferflocken** und **400 ml Wasser** in einem Topf kurz aufkochen, dann bei schwacher Hitze etwa 10 Minuten zugedeckt quellen lassen. **50 g Himbeeren** verlesen, kurz abbrausen und abtropfen lassen. Vanilleschote entfernen, den Haferbrei mit den Himbeeren bestreuen.

Nährwerte pro Portion: ca. 300 kcal, 11 g EW, 5 g F, 47 g KH, 10 g BST, ***2,7 g Beta-Glucan***

Mittags: Haferspeise mit Zucchini

1 kleine Knoblauchzehe schälen, in feine Würfel schneiden und mit **½ l fettfreier Gemüsebrühe** in einem Topf aufkochen. **Je 40 g zarte und kernige Haferflocken** einstreuen, unter Rühren kurz aufkochen, dann zugedeckt bei schwacher Hitze etwa 10 Minuten quellen lassen. **50 g Zucchini** putzen, waschen, raspeln und unter den Haferbrei rühren. Mit **Pfeffer aus der Mühle, 2 TL Zitronensaft** und **¼ TL abgeriebener Bio-Zitronenschale** würzen. Mit **Basilikumblättern** garnieren.

Nährwerte pro Portion: ca. 320 kcal, 12 g EW, 6 g F, 50 g KH, 8 g BST, ***2,9 g Beta-Glucan***

Abends: Tomaten-Walnuss-Müsli

In einer Schale **40 g kernige Haferflocken** und **20 g Haferkleieflocken** mit **2 EL Weißweinessig** und **300 ml kochender fettfreier Gemüsebrühe** übergießen, zugedeckt etwa 10 Minuten quellen lassen. Inzwischen **10 g Walnusskerne** hacken, in einer kleinen Pfanne ohne Fett rösten und abkühlen lassen. **50 g Cocktailtomaten** waschen und vierteln. **4 Stiele Petersilie** waschen und trocken schütteln, die Blätter abzupfen und unter die Flocken mischen. Mit **1 Msp. Pul Biber** würzen, mit den Tomaten und den Nüssen bestreuen.

Nährwerte pro Portion: ca. 310 kcal, 11 g EW, 12 g F, 35 g KH, 14 g BST, ***2,9 g Beta-Glucan***

8,5 g Beta-Glucan am Tag

2. Tag

Morgens: Overnight-Oats mit Apfel

Am Vortag **40 g kernige Haferflocken, 20 g Haferkleieflocken**, **½ TL Zimtpulver, 1 Msp. Nelkenpulver** und **300 ml Wasser** in einer Müslischale verrühren. Zugedeckt über Nacht im Kühlschrank quellen lassen. Am nächsten Tag **50 g Apfel (z. B. Elstar)** waschen und samt Schale fein raspeln, mit **2 TL Zitronensaft** mischen und unter die Oats rühren. Mit etwas **Zimtpulver** bestäuben.

*Nährwerte pro Portion: ca. 260 kcal, 9 g EW, 4 g F, 41 g KH, 9 g BST, **2,9 g Beta-Glucan***

Mittags: Lauch-Haferbrei

50 g Lauch putzen und gründlich waschen, **1 kleine Knoblauchzehe** schälen. Beides fein würfeln, mit **75 g kernigen Haferflocken, ½ TL Currypulver** und **400 ml fettfreier Gemüsebrühe** unter Rühren kurz aufkochen, dann zugedeckt bei schwacher Hitze etwa 10 Minuten quellen lassen. **4 Halme Schnittlauch** waschen, trocken schütteln und in feine Röllchen schneiden. Den Haferbrei mit **Pfeffer aus der Mühle** würzen und mit Schnittlauch bestreuen.

*Nährwerte pro Portion: ca. 300 kcal, 11 g EW, 5 g F, 48 g KH, 9 g BST, **2,7 g Beta-Glucan***

Abends: Hafer-Möhren-Süppchen

10 g Ingwer schälen und fein reiben, **50 g Möhre** schälen und grob raspeln. Beides mit **75 g zarten Haferflocken** und **750 ml fettfreier Gemüsebrühe** unter Rühren kurz aufkochen, dann zugedeckt bei schwacher Hitze etwa 10 Minuten quellen lassen. Inzwischen **2 TL ungeschälten Sesam** in einer Pfanne ohne Fett rösten, abkühlen lassen. **3 Stiele Koriandergrün** waschen, trocken schütteln und die Blätter abzupfen. Die Suppe mit **¼ TL Pul Biber** würzen. In eine Schale füllen, mit Sesam und Koriander bestreuen.

*Nährwerte pro Portion: ca. 330 kcal, 12 g EW, 8 g F, 49 g KH, 9 g BST, **2,7 g Beta-Glucan***

8,3 g Beta-Glucan am Tag

3. Tag

Morgens: Beeren-Gewürz-Porridge

2 TL Chai-Tee (z. B. Ingwer, Nelke, Kardamom, schwarzer Pfeffer, Zimt) mit **½ l kochendem Wasser** übergießen, etwa 3 Minuten ziehen lassen, dann abseihen. Den Tee mit **75 g zarten Haferflocken** kurz aufkochen und zugedeckt bei schwacher Hitze etwa 5 Minuten quellen lassen. **50 g Erdbeeren** waschen, putzen und vierteln. Den Haferbrei mit **2 TL Zitronensaft** würzen, in eine Schale geben und mit den Erdbeeren garnieren.

Nährwerte pro Portion: ca. 320 kcal, 11 g EW, 6 g F, 51 g KH, 9 g BST, ***2,7g Beta-Glucan***

Mittags: Pilz-Spinat-Haferspeise

30 g kleine Champignons putzen, trocken abreiben und in dünne Scheiben schneiden. **1 kleine Knoblauchzehe** schälen und fein würfeln. Beides mit **75 g kernigen Haferflocken, 400 ml fettfreier Gemüsebrühe** und **½ TL getrocknetem Thymian** in einem Topf kurz aufkochen, dann zugedeckt bei schwacher Hitze etwa 10 Minuten quellen lassen. **20 g jungen Blattspinat** verlesen, waschen, gut abtropfen lassen und unter den Haferbrei heben. Mit **Pfeffer aus der Mühle** würzen.

Nährwerte pro Portion: ca. 300 kcal, 12 g EW, 5 g F, 46 g KH, 9 g BST, ***2,7g Beta-Glucan***

Abends: Hafer-Brokkoli-Rohkost

75 g kernige Haferflocken in einer Müslischale mit **1 EL Zitronensaft, ¼ TL rosenscharfem Paprikapulver** und **¼ l kochender fettfreier Gemüsebrühe** übergießen und zugedeckt etwa 10 Minuten quellen lassen. Inzwischen **50 g Brokkoliröschen** verlesen, waschen und mit einem Messer sehr fein hacken. Die Brokkolibrösel unter die gequollenen Flocken mischen, mit **Pfeffer aus der Mühle** würzen und mit **Kresse** garnieren.

Nährwerte pro Portion: ca. 310 kcal, 12 g EW, 5 g F, 47 g KH, 9 g BST, ***2,7g Beta-Glucan***

8,1 g Beta-Glucan am Tag

Wochenplan: 1600 Kalorien am Tag

Hier finden Sie für jeden Wochentag drei Rezepte: Frühstück, Sattmacher und Low-Carb-Gericht. Sie bringen mit reichlich Ballaststoffen und einem leichten Energiedefizit Ihre Darmbakterien auf Trab und programmieren Ihr Verdauungssystem auf Abnehmen.

FRÜHSTÜCK | **SATTMACHER** | **LOW-CARB-GERICHT**

1.

Apfel-Overnight-Buchweizenmüsli (Seite 48), 420 kcal

Paprikapasta mit Walnusspesto (Seite 78), 680 kcal

Kürbissalat mit Feta (Seite 124), 480 kcal

2.

Granola mit Limetten-Hüttenkäse (Seite 47), 540 kcal

Orientalische Ratatouille-Pfanne (Seite 76), 560 kcal

Brathähnchen-Brokkoli-Salat (Seite 152), 490 kcal

3.

Korianderomelett mit Gemüse (Seite 64), 390 kcal

Sommer-Ofengemüse mit Hummus (Seite 88), 570 kcal

Quinoa-Bowl nach Taboulé-Art (Seite 130), 630 kcal

4.

Bananen-Quarkcreme mit Beeren (Seite 42), 370 kcal

Grünes Gemüse-Kokos-Curry (Seite 92), 675 kcal

Bohnen-Matjes-Salat (Seite 146), 575 kcal

5.

Papaya-Kokos-Porridge (Seite 52), 350 kcal

Hähnchenfrikadellen mit Chicorée (Seite 108), 860 kcal

Wirsingsuppe mit Kichererbsen (Seite 138), 355 kcal

6.

Champignon-Hüttenkäse-Rührei (Seite 62), 540 kcal

Gemüse-Dinkel-Eintopf mit Pistou (Seite 90), 660 kcal

Steckrübenrösti mit Endiviensalat (Seite 134), 420 kcal

7.

Schoko-Pancakes mit Mangosauce (Seite 61), 500 kcal

Meeresfrüchte-Reis nach Paella-Art (Seite 102), 660 kcal

Kartoffel-Artischocken-Salat (Seite 132), 390 kcal

Sachregister

A/B

D/E

F/G/H

I/J/K

L/M/N

O/P

R/S/T

U/V/Z

Rezeptregister

N/O/P

Q/R

S

HINWEIS:

Die Ratschläge in diesem Buch wurden mit größter Sorgfalt von Autoren und Verlag erarbeitet und geprüft. Eine Garantie kann jedoch nicht übernommen werden. Ebenso ist eine Haftung der Autoren bzw. des Verlags und seiner Beauftragten für Personen-, Sach- oder Vermögensschäden ausgeschlossen. Erkrankungen mit ernstem Hintergrund gehören in ärztliche Behandlung! Bei bereits bestehenden Beschwerden kann das Buch daher keinen fachärztlichen Rat ersetzen.

WAS UNS WICHTIG IST:

Uns erreicht immer wieder die Bitte, in unseren Ernährungstipps doch komplett auf Fisch und Fleisch zu verzichten. Wir sind der Meinung, dass sie in Maßen grundsätzlich wertvolle Lebensmittel sein können. Allerdings ist es heute kaum noch möglich, Fisch und Fleisch mit gutem Gewissen zu konsumieren, da der ganz überwiegende Anteil nicht nachhaltig produziert wird. Wir raten dazu, so es dem Einzelnen möglich ist, beim Kauf auf Bioqualität und Umweltsiegel zu achten. Regelmäßig sollten Fisch und Fleisch nur an zwei Tagen in der Woche gegessen werden. Es gibt genug Rezepte in diesem Buch, um sich überwiegend vegetarisch zu ernähren.

Die Ernährungs-Docs

Dr. med. Viola Andresen ist Fachärztin für Innere Medizin und leitende Ärztin am Ikaneum, dem Fachinstitut für Darmgesundheit und Ernährung am Israelitischen Krankenhaus in Hamburg. Sie beschäftigt sich mit chronischen Verdauungsbeschwerden, funktionellen Magen-Darm-Erkrankungen sowie Ernährungs- und Palliativmedizin. Als Koordinatorin hat sie an der Erstellung der Deutschen Experten-Leitlinien für „Reizdarmsyndrom“ und „Chronische Obstipation“ mitgewirkt und engagiert sich in nationalen und internationalen Fachgesellschaften. Seit Sommer 2022 verstärkt sie das Team der NDR-Ernährungs-Docs.

Dr. med. Jörn Klasen ist Facharzt für Innere Medizin mit Schwerpunkt auf Magen-, Darm- und Lebererkrankungen, Ernährungsmediziner sowie Arzt für anthroposophische Medizin und Naturheilverfahren. Über 15 Jahre war er Chefarzt und zehn Jahre stellvertretender ärztlicher Direktor am Asklepios Westklinikum Hamburg. Seit 2015 ist er am Medizinicum Hamburg tätig und dort für den Bereich integrative Medizin verantwortlich. Jörn Klasen ist ein ausgewiesener Experte für die Kombination von Schulmedizin und Naturheilkunde. Er ist Bestsellerautor und hat zahlreiche Bücher zu ernährungsmedizinischen Themen veröffentlicht.

Dr. med. Matthias Riedl ist ärztlicher Direktor der von ihm 2008 gegründeten medicum Hamburg MVZ GmbH, die Diabetologie und Ernährungsmedizin mit neun angrenzenden Facharztrichtungen ganzheitlich verbindet. Der Internist, Diabetologe und Ernährungsmediziner ist außerdem als Publizist für Fachzeitschriften und Verlage, Dozent auf internationalen Kongressen und Lehrbeauftragter zweier Universitäten tätig. Im Vorstand des Bundesverbands Deutscher Ernährungsmediziner (BDEM e. V.) engagiert er sich für die Förderung der Ernährungstherapie. Das Magazin „Focus“ nahm ihn 2013 in seine Empfehlungsliste „Top-Mediziner“ auf.

Dr. med. Silja Schäfer ist Ärztin für Allgemeinmedizin und Ernährungsmedizin und führt eine Schwerpunktpraxis für Diabetes und Ernährung in Kiel. Als ehemalige Leistungssportlerin und Trainerin interessierte sie sich schon früh für gesunde Ernährung. Jetzt als Hausärztin liegt es ihr am Herzen, eine gesunde und gesunderhaltende Ernährungsweise für alle zu ermöglichen. Seit Januar 2020 ist sie fest im Team der beliebten Ernährungs-Docs im NDR.

ZU DEN AUTOR*INNEN

2015 schlug im NDR die Geburtsstunde einer bisher einzigartigen Fernsehreihe: Seither helfen die „Ernährungs-Docs" Menschen, die an ihren Gesundheitsproblemen beinahe verzweifeln. Für die erfahrenen Ärzte **Viola Andresen, Jörn Klasen, Matthias Riedl** und **Silja Schäfer** gilt: Essen als Medizin! Sie setzen gezielt auf moderne Ernährungsstrategien, um Symptome deutlich zu verbessern oder Krankheiten sogar zu heilen. Und beweisen in ihrer Hausboot-Praxis, dass durch eine Umstellung der Gewohnheiten oftmals schon innerhalb weniger Monate erstaunliche Erfolge erzielt werden können.

Eine Auswahl weiterer Bücher:

- Die Ernährungs-Docs
- Diabetes heilen
- Starke Gelenke
- Gute Verdauung
- Gesunde Haut
- Zuckerfrei gesünder leben
- Gesund und schlank durch Intervallfasten
- Starkes Herz
- Unser Anti-Bauchfett-Programm
- Unsere Anti-Krebs-Strategie

IMPRESSUM

Hinter jedem tollen Buch steckt ein starkes Team

Projektleitung: *Kathrin Ullerich*
Texte: *Franziska Pfeiffer, Kathrin Burger*
Rezepte: *Martina Kittler*
Lektorat: *Eva-Maria Hege*
Korrektorat: *Jutta Friedrich*
Covergestaltung: *ZERO Werbeagentur, München*
Grafische Gestaltung und Satz:
Julia Arzberger, Georg Feigl
Fotografie: *Claudia Timmann (andere siehe Bildnachweis)*
Foodstyling: *Pedro Torres*
Herstellung: *Frank Jansen*
Producing: *Jan Russok*
Druck & Bindung: *optimal media GmbH, Röbel*

In Zusammenarbeit mit und lizenziert durch
nonfictionplanet GmbH, Hamburg

1. Auflage 2023

Kaiserstraße 14 b
D-80801 München
ISBN: 978-3-96584-286-1

BILDNACHWEIS

Pauline Karlson: 7; Shutterstock: 12, 14, 15, 17, 22, 23, 24, 25, 27, 29, 31, 32, 35, 157

LIEBE LESER, LIEBE LESERINNEN

wie schön, dass Sie ein Buch von ZS in den Händen halten. „jetzt leben!“ ist das Motto unseres Verlages. Es steht für Genuss und Inspiration, Unterstützung und Motivation. Ob Kulinarik oder Fitness, Gesundheit oder Lebenshilfe – seit über 30 Jahren bieten wir kompetente Ratgeber für (fast) alle Lebenslagen. Wir lieben Tradition genauso wie Innovation – sie treiben uns an. Unsere Autorinnen und Autoren sind Menschen, die zu ihrem Thema wirklich etwas zu sagen und zu schreiben haben. Unsere Produkte sind erzählerisch, appetitmachend und als gedruckte Bücher haptisch echte Erlebnisse. Für Sie mit ganz viel Liebe gemacht! Entdecken Sie mehr aus unserer wunderbaren Welt!

UNSER VERLAGSHAUS

Mit Standorten in München, Hamburg und Berlin zählt die Edel Verlagsgruppe zu den größten unabhängigen Buchanbietern Deutschlands. Zur Edel Verlagsgruppe gehört unter anderem ZS mit seinen Lizenzmarken Dr. Oetker Verlag, Kochen & Genießen und Phaidon by ZS.

ZS – Ein Verlag der Edel Verlagsgruppe
www.zsverlag.de
www.facebook.com/zsverlag
www.instagram.com/zsverlag

FÜR DIE UMWELT

ZS unterstützt bei der Produktion dieses Buches das Projekt „Junge Riesen für die nächsten 100 Jahre“ im Naturpark Nossentiner/Schwinzer Heide. Damit wird ein Anteil der unvermeidbaren CO_2-Emissionen im direkten Umfeld des Produktionsstandortes kompensiert.

PARTNER
Naturpark Nossentiner/Schwinzer Heide
www.optimal-media.com/naturschutzprojekt-001

Schluss mit der langen Rezeptsuche!

Das lange Durchsuchen der eigenen Kochbücher hat endlich ein Ende – die Rezept Scout-App verrät ganz schnell und einfach, welches Rezept wo zu finden ist.

MARKIEREN

Eine eigene Bibliothek erstellen – Kochbücher suchen und abspeichern

FINDEN

Einfach Suchbegriff eingeben – und auf einen Blick entdecken, aus welchem Kochbuch die Rezepte sind

MERKEN

Lieblingsrezepte in der Merkliste speichern – und noch schneller finden

Erhältlich im App Store

JETZT BEI Google Play

Mit allen aktuellen ZS-Büchern und vielen anderen beliebten Kochbüchern.